内 容 简 介

"南海子"（现为以南海子公园为中心的地带）位于北京市大兴区，属京南永定河冲积平原，是辽、金、元、明、清五代皇家猎场，元、明、清三代皇家苑囿。直到民国时期，南海子仍是诸多学术大师聚会之所，有着深厚的历史文化内涵。现今有德寿寺、团河行宫、西红门行宫、晾鹰台等大量历史遗迹和极其丰富的文献资料。随着民国以来的历史变迁，南海子那曾经辉煌的历史渐趋沉寂。本书旨在通过多方面的研究，记述南海子在历史上的多重功能，传播北京南海子的文化历史内涵。

图书在版编目（CIP）数据

北京南海子简史 / 中国人民大学清史研究所，北京市社会科学院历史研究所，中共北京市大兴区委宣传部著 . —北京：清华大学出版社，2021.11

ISBN 978-7-302-59543-4

Ⅰ.①北…　Ⅱ.①中…②北…③中…　Ⅲ.①大兴区—地方史—史料　Ⅳ.① K291.3

中国版本图书馆 CIP 数据核字（2021）第 231298 号

责任编辑：纪海虹
装帧设计：刘　派
责任校对：王凤芝
责任印制：丛怀宇

出版发行：清华大学出版社
　　　　网　　　址：http://www.tup.com.cn，http://www.wqbook.com
　　　　地　　　址：北京清华大学学研大厦 A 座　　邮　　编：100084
　　　　社 总 机：010-62770175　　　　　　　邮　　购：010-62786544
　　　　投稿与读者服务：010-62776969，c-service@tup.tsinghua.edu.cn
　　　　质量反馈：010-62772015，zhiliang@tup.tsinghua.edu.cn
印 装 者：小森印刷（北京）有限公司
经　　销：全国新华书店
开　　本：180mm×235mm　印　　张：6　　字　　数：72 千字
版　　次：2022 年 1 月第 1 版　　　　印　　次：2022 年 1 月第 1 次印刷
定　　价：98.00 元

产品编号：091245-01

目录

南海子大门

　　在北京城南的大兴区，有一座占地面积超过 8 平方公里的公园——南海子公园。公园里杨柳成荫，风光如画，七孔桥宛如玉带相连，九台环碧，水光潋滟，登上最高处的晾鹰台、观囿台，可以一览公园全景。这个公园现在已经成为南城地区最大的"绿肺"，也是北京市最大的湿地公园。而公园之所以得名"南海子公园"，则是因为它与中国历史上著名的皇家苑囿"南海子"有着直接的渊源关系。

　　历史上的南海子大致位于北京南中轴线永定门外二十里，范围北起今大红门，南至今团河农场、南大红门一线，西到今西红门、海子角一线，东达今亦庄、鹿圈一线，总面积约 216 平方公里，远远大于占地 3.52 平方公里的圆明三园（圆明、长春、绮春三园）。[①]

　　南海子是北京历史上最大的湿地，这一带曾经是淀泊棋布，水草丰美，鸢飞鱼跃，鹿雉出没。从辽、金时期成为君主的"捺钵"（契丹语，辽代国君行营）围猎之地，到元朝定都北京之后的"下马飞放泊"，

---

① 朱志刚：《北京考古史》（清代卷 上），13 页，上海，上海古籍出版社，2012。

南海子公园的圣石桥

南海子公园南门牌楼

从明成祖朱棣迁都北京后的"南海子",再到清朝强调"国语骑射",继续将南海子作为重要的行围、校阅之地,并改称"南苑",备受历代帝王重视,元、明、清三代更作为皇家苑林而镶嵌在京师之南。特别是清朝康熙中期修建畅春园以前,南苑是清廷唯一能够利用的近郊御园,是清朝园林理政和二元政治治理模式的起点,在清中前期政治生活中发挥着重要作用。正如戴逸先生所言,南苑不仅是避暑、休养、打猎、练兵的处所,更是清朝前期的一个政治中心和文化中心。

晚清以后,国力衰退,战乱频仍,南苑作为皇家苑囿的历史使命终结。但是,由于特殊的地理位置,南苑依然发挥着重要作用。宣统二年(1910),清朝在此地建设南苑机场。民国之后,南苑继续沿袭其传统军事功能,成为北洋军阀驻兵重地。

南海子的出现,本是尚武的游牧民族南下建立政权的产物。南海子经历的五个王朝,有四个是由少数民族建立的。南海子是多民族文化融合的产物,从辽金的捺钵、元代的"飞放"、明代狩猎到清代的行围,南海子的历史既体现了中华文化多元一体的格局,又体现出游

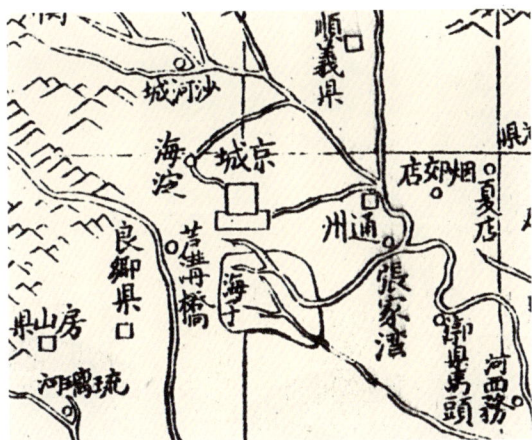

南海子与北京城的关系 康熙皇舆全图—直隶全图（局部）

牧、渔猎、农耕多种文化形态的碰撞与融合。正如戴逸先生所说："南海子文化与少数民族文化息息相关，是统一多民族国家多元文化交融形成的结晶。"

　　南海子的发展历史也伴随着北京都城的发展历程，是构成北京古都风貌不可或缺的一部分，更是今天北京文化建设中珍贵的历史文化资源。今天，随着大兴区开发建设步伐越来越快，南海子也得到部分恢复重建，不仅修复了山林湖泊，也修复了很多文化景观。承载着深厚历史文化内涵的南海子，正在以其独特的魅力，重新走入现代人的视野之中。

第一章 辽金「捺钵」之地

第一节 "南海子"自然地理条件

历史上北京城南的地貌与今天有很大差别，特别是南海子一带当年更是郁郁葱葱，水草丰美。这主要是得益于北京的母亲河——永定河的滋润。

永定河，原名浑河、无定河，是海河水系最大的一条支流，发源于山西省宁武县，流经今山西、内蒙古、河北、北京和天津等省区市。作为北京的母亲河，永定河曾经是一条摇摆不定、四处泛溢的河流。永定河自上游而来，河水被束于两山之间，危害尚浅。当河水冲出山谷后，开始漫流于看丹、草桥、马家堡一线至南海子、大兴之间，所形成的河道被称为"漯水故道"。特别是自卢沟桥以下频繁地分流、改道，携带大量泥沙，堆积形成冲积扇，北京即位于永定河冲积扇之上。

大约在隋唐时期，永定河摆动到现在的大兴区一带，逐渐形成了北京城以南的一个冲积扇，正好是现在南海子湿地所处的位置。总体上看，辽金以前，永定河流域森林茂密，河流含沙量较小，绿水清波，有"清泉河"的美誉。部分径流渗入地下，构成了表层地下水，也即"潜水"。潜水在地势低洼的地方溢出，形成了南海子附近成群的湖泊。"南海子"这片湖泊湿地一直寂寞地存在着，直到辽代建立后，开始进入皇家的视野。

第二节　辽代"捺钵"

916 年，辽太祖耶律阿保机正式建国称帝，定国号为"契丹"，年号神册。辽太宗会同十年（947）改国号为"辽"。辽代是由东北地区白山黑水间以畜牧渔猎为生的契丹族建立的朝代。辽代仿照中原王朝设立都城，共建有上京临潢府（今赤峰市林东镇）、东京辽阳府（今辽宁省辽阳市）、南京析津府（今北京市）、中京大定府（今内蒙古宁城县）、西京大同府（今山西省大同市）五个都城。但是，辽代实际的政治中心并不在都城，而在捺钵之地。

所谓"捺钵"，是契丹语的译音，又作纳拔、纳钵等，意思是皇帝的行营。辽代皇帝保持着游牧生活习惯，并不长期居住在一个地方，而是居处无常，随着季节、气候和水草的变化，秋冬避寒，春夏避暑，四时迁徙，进行"春水""夏凉""秋山""坐冬"等活动，故称"四时捺钵"。具体而言，春季"捺钵"主要目的是"钩鱼捕鹅"。夏季"捺钵"除了避暑、游猎之外，主要任务是与随行官员商议国事。秋季"捺钵"主要在山林之中围猎。冬季"捺钵"的重点，除了商议国事及通过围猎训练军队外，还要在"捺钵"地举行仪式，接待北宋、西夏等国的使节。皇帝"捺钵"之时，契丹官员及重要的汉人官员都要从行。"四时捺钵"是辽朝国家政治生活中的头等大事。正如学者傅乐焕所说，

"此乃契丹民族生活之本色，有辽一代之大法，其君臣之日常活动在此，其国政之中心机构在此"。

辽代早期，"四时捺钵"在以上京为中心的区域内举行。辽圣宗时期，为便于筹备对宋朝的战事，从统和五年（987）到统和二十年（1002），辽代君主常驻南京水草丰美的城南地区，即今天北京通州南部的延芳淀，以放鹰捕杀天鹅、野鸭、大雁。辽圣宗在位 50年，有史料明确记载进行过"春捺钵"的年份多达 46 年，游幸之地约有 47 处。其中在南京举行的"春捺钵"有 19 次，包括延芳淀 8次，华林、天柱 2 次，潞县西 1 次，潞河 1 次，台湖 3 次，沉子泺1 次，西括折山 1 次，南甸 1 次，曲水泺 1 次，时间多在春正月和二月。为服务于辽代皇帝的捺钵活动，延芳淀之西还修建了长春宫，作为"春捺钵"的主要休憩地，并且从史料记载"幸延芳淀"等字句可知，辽圣宗在延芳淀进行"春捺钵"除了射猎之外，还带有游幸休闲意味。因此，延芳淀成为辽统治者"春捺钵"的重要地点。而辽代延芳淀的范围，北至今北京通州区张家湾、台湖一带，西至马驹桥，西南至今北京大兴区采育，南至今北京通州区南界，其西部就是南海子。

辽代壁画，场景描绘的是春"捺钵"时的场景

第三节　金代"春水"

1125 年，辽为女真族建立的金所灭。女真族主要生活在白山黑水的森林地带，"善骑射，喜耕种，好渔猎。"（《大金国志·初兴风土》）

辽代国都政治功能较弱，金朝迁都燕京后，改变了辽代以来移动政治中心的形式，国都的政治功能得到强化，形成了固定政治中心与移动政治中心相结合的形式。而南海子的地理环境可以同时容纳农耕、游牧、渔猎三种文明形态，所以对金政权同样具有吸引力，大臣梁襄上书劝谏帝王不要巡幸金莲川时建议，"往年辽国之君，春水秋山，冬夏捺钵，旧人犹喜谈之，以为真得快乐之趣，陛下效之耳"（《金史·梁襄传》）。

金人习惯把一年的狩猎活动分为"春水"和"秋山"两个系列，其中"春水"的主要活动内容是春夏之季在水沼之地放鹰鹘捕猎天鹅。在迁都燕京之前，金朝的"春水捺钵"之地应该在鸭绿江。

从金世宗起，"春水、秋山捺钵"正式进入制度化、规模化阶段。金朝"春水之地"均围绕中都燕京展开。从大定三年（1163）至大定二十八年（1188），金世宗"春水"、"秋山"活动共计有 13 次。今天的南海子区域，在当时的金中都城南，是一个重要的春水地。史料记载，大定二十五年（1185）正月，皇帝举行"春水"，二月还都。大定二十八年正月再次举行春水，二月还都。这两次春水活动之地距离中都城都不远，应当正在南海子区域。

金章宗时期是"春水"活动的一个兴盛期，也是中都城南"春水"地的重要发展阶段。他巡幸南海子最为频繁，承安元年（1196）二月幸都南行宫春水，承安三年（1198）正月将都南行宫命名为"建春宫"。

据统计，金章宗从明昌元年（1190）至泰和八年（1208），共计 17 次巡幸，其中 7 次在建春宫。金末文坛盟主、著名学者赵秉文多次扈从金主举行春水、秋山活动。他写有《春水行》一诗，描绘了春天射猎野鹅的场面。诗文称："光春宫外春水生，驾鹅飞下寒犹轻。绿衣探使一鞭信，春风写入鸣鞘声。龙旐晓日迎天仗，小队长围圆月样。忽闻叠鼓一声飞，轻纹触破桃花浪。内家最爱海东青，锦韝掣臂翻青冥。晴空一击雪花堕，连延十里风毛腥。初得头鹅夸得隽，一骑星驰荐陵寝。欢声沸入万年觞，琼毛散上千官鬓。不才无力答阳春，羞作长杨待从臣。闲与老农歌帝力，欢呼一曲太平人。"在这场"春水"中，海东青捕猎野鹅，翻飞碧空之中，与之搏斗，野鹅的羽毛纷纷落下，恰似漫天飞雪，血腥味随风传播，远远就能闻到。猎取头鹅后，还专门派飞骑送去，用于祭奠陵寝，然后君臣举行宴会，尽情欢乐。当然，金代"捺钵"不完全是"寓乐于

春水 元代玉佩

山水之中"，也有政治目的，比如通过渔猎活动练兵习武，皇帝借机考察官吏、体察民情等。

至于建春宫位居何处，史料没有明确记载。不过《金史·章宗纪》提供了一点相关资料："二月乙丑，如建春宫春水……庚辰，上谕点检司曰：'自蒲河至长河及细河以东，朕常所经行，官为和买其地，令百姓耕之，仍免其租税。'"也就是说，二月乙丑，金章宗驾幸建春宫举行春水。两天后，皇帝对点检司官员说：从蒲河到长河、细河以东，我经常经过，不免骚扰当地农民。可以让官府和买其地，令百姓耕种，免其租税。从以上记载中，可知金章宗赴中都城南"春水"，经过"蒲河至长河及细河以东"。据著名水利专家姚汉源考证：蒲河，即古菖蒲河（自积水潭至金水桥流向城东南）；长河，即古高粱河南支下游段；细河，即今凉水河水系河流。上述三条古河流，最终汇入南海子以东

的古"延芳淀"里。既然金章宗赴建春宫要经过这三条河，说明建春宫应建在这一方位上。

另据《金史·章宗纪》记载："明昌四年（1193年），二月戊戌朔，如春水……癸丑，猎于姚村淀。癸亥，至自春水。"这里所言及的"姚村淀"就是位于南海子东墙外的姚村，与前面所记载的金章宗赴建春宫春水的方向位置基本吻合。也就是说，建春宫应建在离姚村淀不太远的地方。

此外，根据《元史·石抹明安传》记载："乙亥（金贞祐三年）春正月，取通州……遂驻军于京南建春宫。"这表明，元军在攻打金中都前，已于金贞祐三年（1215）攻入通州，并占领了距通州不远的建春宫。此后历史上便再也看不到关于建春宫的文字记载，据信，建春宫已于当年被元军焚毁。

第一节 元代"下马飞放泊"

大约辽金之后，永定河流域水环境开始恶化，河水含沙量不断增大，因河水浑浊元代遂称之为"浑河"，而流沙忽浅忽深，变动不定，又有"无定河"之名。但是，永定河故道的湿地面貌在元代并没有太大变化，元大都城南"原隰平衍，深流芳淀，映带左右"，因此这里仍然是重要的皇家猎场。

元代统治者继承辽金的"捺钵"传统，也继承了"捺钵"这个词。不过，元人更多地将皇帝的"捺钵"活动称为"飞放"，也就是每年冬春之交，天子会亲临近郊，"纵鹰隼搏击，以为游豫之度，谓之飞放"。据记载，南海子一带淀泊地域广阔，如位于大兴县正南的下马飞放泊"广四十顷"，北城店飞放泊、黄埃店飞放泊"俱广三十顷"，都是元朝皇帝进行"飞放"活动的理想之地。《马可波罗行纪》曾详细记载了元世祖忽必烈进行"飞放"的情景。

元世祖出猎图

元世祖忽必烈每到三四月间，便会率领浩浩荡荡的队伍前往京城的东南一带进行猎鹤活动，其中会有一万名猎鹰师和数百只猎鹰随行。皇帝常常坐在一个由四只大象抬着的华丽木亭中，观看放鹰捕鹤的场景。当看到鹤、天鹅等鸟类，随从就会禀报皇帝，皇帝拉开门帘，命人放出鹰隼。这些鹰隼经过搏斗，最终会制服猎物。皇帝看到这种情形，会非常开心，随从队伍也会欢呼雀跃。

元朝皇帝的"飞放"活动，除了射猎休闲之外，还具有显明的政治威慑意义。姚燧在《平章政事忙兀公神道碑》中写道，皇帝曾赐忙兀博罗欢白色海东青，并说："这只鹰是我和鹰师驯养的，因为你年老功高，所以赐给你。河南治地，水泽众多，水鸟齐集，你可以经常出猎，让当地民众见我朝武力之盛，不敢起反叛邪心。"

当然，行猎之地属于禁地，行猎也有时间限制，违者是要被治罪的。为满足皇家射猎需求，元代皇帝曾三番五次发布圣旨，严禁百姓捕杀猎物。元中统三年（1262）十月，忽必烈颁旨，中都四方各五百里地之内为禁猎区，除了猎户为交纳皮货猎捕野物以外，不论何人，不得在此打猎。

元世祖至元十年（1273）又一次颁旨，更加明确地划定了禁猎区域。东至滦州，南至河间府，西至中山府，北至宣德府，都是禁猎范围。元代滦州、河间府、中山府、宣德府的治所，分别是今河北省滦县、河间、定州、宣化四市县的政府所在地。忽必烈时代划定的这个广阔的禁猎范围，实际上就是建立一个以大都为中心的保护区。如果有人敢于违反，将其妻子儿女牲畜产业一律籍没，处罚非常严厉。南海子自然是禁猎区中的皇家苑囿。

元成宗大德元年（1297）二月十八日元廷再下圣旨，具体规定禁猎时间："正月为怀羔儿时分，至七月二十日，休打捕者。打捕呵，肉瘦，皮子不成用，可惜了性命。"①《钦定日下旧闻考》对违反禁令的处罚方法说明得更为详细："以天鹅、仙鹤、鸦鹘私卖者，即以其家妇子给捕获之人。有于禁地围猎为奴婢首出者，断奴婢为良民。收住兔鹘向就近官司送纳，喂以新羊肉，无则杀鸡喂之。自正月初一日至七月二十日，禁不打捕，著之令中。"②

同时，皇帝的围猎少不了猎鹰的参与，所以"鹰人"在围猎活动中充当着重要角色。《元史·兵志》说：元代制度是从皇帝到诸王位下都有"实保齐"一职，管理养鹰人。所以专门设有猎户，捕捉禽兽，既可用于祭祀，又供皇帝贵族食用，其齿革羽毛也可利用，不可或缺。此外，元代还设有专门驯养猎鹰的机构——鹰坊，每年用肉一度多达"三十余万斤"，平均每天用肉千斤左右，规模之大可见一斑。元武宗至大元年（1308），"筑呼鹰台于漷州泽中，发军千五百人助其役"③。元武宗至大四年（1311）二月，立鹰坊为仁虞院，秩正二品，命右丞相脱脱等为院使领其事。④元代皇帝于此设"诈马宴"宴请群臣。鹰坊、仁虞院与后世著名的晾鹰台同为一地。⑤据《钦定日下旧闻考》记述，晾鹰台在漷县西南二十五里。台高数丈，周围有一顷之大。元代在晾鹰台边上修建幄殿，供皇帝举行"飞放"时使用，幄殿附近有三个海子，修了七十二座桥，可见当地水泽之盛。这些飞放淀泊，基本都属于后来

南苑

---

① 《元典章》卷38《兵部》卷5《围猎》，9页，北京，中国书店出版社，1990。
② 《钦定日下旧闻考》卷75《国朝苑囿·南苑二·明英宗实录》，1267页。
③ 《续资治通鉴》卷196武宗至大元年（1308）七月，5339页，北京，中华书局，1957。
④ 《元史·武宗纪》。
⑤ 《钦定日下旧闻考》。

的南海子区域。

总之，元朝南海子的下马"飞放"仍属一种"捺钵"活动。辽金元时期，南海子地区行宫的建立是契丹、女真、蒙古既保留"捺钵"习俗又逐渐接受汉文化两种因素共同作用的结果，是北方民族入主中原过程中常见的政治现象。

第二节 明代"南海子"

一、从狩猎地到皇家苑囿

明朝虽然是由汉族建立的王朝，但继承了很多元代的政治、文化遗产，南海子即是其中一例。明代不仅将其作为皇家狩猎之地，更进一步提升，使之成为名副其实的皇家苑囿。主要体现在，明代以前，南海子一带只有一些皇帝的行宫，并无围墙，明代则开始在南海子修建围墙，同时设立专职管理机构，并安置"海户"作为南海子的专职劳役者。

有明一代，永定河故道的湿地面貌大体保持，南海子一带树木植被葱郁繁茂，禽兽众多，"獐鹿雉兔不可以数计"。每逢秋日，南海子碧水蓝天，景象十分壮丽，明代大学士李东阳将"南囿秋风"列入"燕京十景"。李东阳曾多次随皇帝游幸南海子，在诗歌中生动地描写了南海子秋天迷人的景色："别苑临城辇路开，天风昨夜起宫槐。秋随万马嘶空至，晓送千旌拂地来。落雁远惊云外浦，飞鹰欲下水边台。"每当秋风摇动宫槐的时候，皇帝就要率众到南海子围猎。千骑万众从城中而来，秋水无边，落雁惊飞，飞鹰盘旋。明代文人为城南草桥一

图

带的水乡风光留下了很多深情的笔墨，如袁宏道的《游草桥别墅》说：
"郊居绝胜午桥庄，南客行来眼亦忙。马上乍逢蒲苇地，梦中移入水烟乡。
疏林透户凉风出，翠叶平池急雨香。危石幽篁相对冷，一庭清影话潇
湘。"大意是说，如果选择住在郊区的话，那么草桥自然是首选，南人
来到这里，也感觉美景处处，日不暇接，蒲苇遍地，如同江南烟水之乡。
疏林之中，凉风透户，平池之内，翠叶带香。危石幽篁，自然生出清凉。
明崇祯年间刊行的《帝京景物略》也描绘道，右安门外往南十里，地
名草桥。方圆十里之内，泉水处处，适宜种植花卉，所以当地人以种
花为业。城里人每天要从此地采购千百担，可见花业之盛。

南海子物产丰富，大多用于供应军队和内廷，例如草料供应军队
马匹。明代宗景泰年间（1450—1457），朝廷曾派大批官军在南海子采
秋青草。明代宫廷还有在端午节去南海子捕蛤蟆制"紫金锭"的风俗。

明朝皇帝和以前几代帝王一样，经常到南海子围猎，并借此以训
练士兵。明成祖永乐年间（1403—1424），每年都在固定的季节来此围
猎，以讲习武事。明英宗天顺二年（1458），皇帝行猎于南海子，亲自
弯弓射箭，功臣、外戚、武将都应命在此射猎并献上猎物。皇帝赐群
臣酒宴，将猎物分给随从百官，然后还宫。天顺三年（1459），明英宗
在内阁学士李贤、彭时、吕原扈驾下狩猎于此。彭时记载：这天扈从
皇帝的官员，都获赐獐鹿兔等物，而内阁三人，获得的赏赐尤其多。

每逢南海子狩猎，场面十分隆重。熊和老虎等猛兽是士兵们争相捕
猎的重要对象："三驱部上将，四校出神兵。列戟围熊馆，分弓射虎城。"
（薛蕙《驾幸南海子》）将领们率领士兵声势浩大，威风凛凛地摆好阵势，
一起围住熊和老虎，纷纷射击，显示自己的英勇。明代诗人王廷陈的《驾
幸南海子》描述当时打猎的情景："虎兕先声伏，车徒翼挚趋。网罗张一
面，部曲用三驱。"描述的也是士兵们三面包围，将猛兽驱往一处的情景。

还有一种打猎方式是如金、元时女真、蒙古贵族那样，在高台上纵放猛禽海东青捕捉天鹅、大雁。《明一统志》中记载：南海子里的晾鹰台，也叫"按鹰台"，每次大阅典礼，都在这里举行。《钦定日下旧闻考》记载，晾鹰台规模很大，"台高六丈，径十九丈有奇，周径百二十七丈。"明代魏之秀《晾鹰台诗》生动描写了放飞海东青的壮观场景："晾鹰台回接沤汀，民乐咸歌囿诏灵。七十二桥虹影渡，骑郎争放海东青。"晾鹰台附近水泊很多，七十二桥如同道道彩虹。骑兵们争着放出海东青，一片盛世太平景象。当然，很多明朝皇帝喜欢到南海子游猎，其频繁程度并不亚于元代皇帝，但这些活动与北方民族的"捺钵"制度已无必然关联。明朝的国都体制主要借鉴于汉唐宋代，从一开始便以突出皇帝中央集权制度为主要政治特色，并不存在由多政治中心向单一政治中心过渡的过程。

洪武年间（1368—1398），明太祖朱元璋曾议设上林苑监，终以有碍民业未果。明成祖设立上林苑监作为南海子的管理机构，历代相沿，发展出一套完整的管理体系。永乐五年（1407），明成祖开设上林苑，定为正五品衙门，设左右监正、左右监副、左右监丞、典簿，所属有良牧、蕃育、林衡、嘉蔬、川衡、冰监、典察左右前后十署，对南海子进行分区管理。其中，上林苑监正、监副、监丞是主管官员，主管园林、田地、牧畜、种树等事，督率服役的百姓劳作。典簿负责管理公文档案，良牧署管理放牧牛羊猪只。蕃育署负责养育鹅鸭鸡等，都要登记具体头数及繁殖数目。林衡署管理果实花木，嘉蔬署管理瓜菜，也都要统计种植面积及株数，并按时进贡，以备皇家之用。每署又设典署、署丞、录事等官职。[①] 正德年间（1506—1521），上林苑管理人员

① 《天府广记》

多达近百人。[①]

明代帝王大都十分重视对南海子的维护和修建。《钦定日下旧闻考》记载，南海子在北平城南二十里的地方，就是过去的下马飞放泊，里面有按鹰台。永乐十二年（1414），扩大了这片禁地，周围一万八千八百六十丈，里面有二个海了，因为北平城北也有海子（今积水潭），所以将此称为"南海子"。明宣德三年（1428），开始在南海子周围修筑围墙。宣德七年（1432），修南海子红桥等闸。宣德八年（1433），修南海子红桥。正统七年（1442），修南海子北门外桥。正统十年（1445），修南海子北门外红桥。正统十二年（1447），修南海子北门大红桥。天顺二年（1458），修南海子行殿大虹桥，小桥 75 处。天顺七年（1463），新建弘仁桥。成化十年（1475），又修葺南海子行殿及围垣。正德二年（1507），修理南海子殿宇、桥梁等工程，所费动以万计。嘉靖年间（1522—1566），在德寿寺西南里许增建关帝庙。经过修建后的南海子，方圆一百六十里，周围建起围墙，开辟了四座门。东面称东红门，南面称南红门，西面称西红门，北面则为南海子正门，又称北红门。

二、专设服役"海户"

南海子成为皇家苑囿，需要大量劳动力进行日常维护，因此朝廷在这里专设服役的民户，称为"海户"。

海户主要有两种来源：一种是迁普通民户到这里充役。《大明会典》载，永乐年间，朝廷以北京一带的效顺人充当劳力，负责在南海子牧养牲口、栽种果蔬等事。后来又从山西平阳、泽、潞三个府州，专门

---

① 《续文献通考》

迁移一千户，来此劳动。按照边民政策，由官家发给盘缠、口粮。由此可见，永乐年间，南海子内海户已有千余户，系由单纯的编户民构成。另一种则是明代的自宫者。明代中期起，越来越多的社会下层民众私自阉割以求录用，自宫风气一发不可收。由于自宫者数量众多，无处打发，明代统治者逐渐把南海子作为吸纳自宫者的场所，将自宫者收录为海户。如天顺三年（1459），肃王瞻焰首送收留自宫人16名，命俱发南海子种菜。弘治三年（1490），令将自宫者626名发南海子编充海户。正德十一年（1516），收自宫男子3468人充南海子海户。嘉靖十五年（1536），将自宫男子2001名充海户。由此可见，这部分人在海户中数量非常可观。

南海子海户们世代相袭守护南海子，形成了特殊的职业身份。平时他们负责南海子的日常劳动。每至围猎时，也负责协助驱赶动物，将包围圈缩小，供狩猎者在包围圈中驰骋射猎。海户集中居住的聚落被称为"海户屯"。现在大兴区黄村有"海户新村"，丰台有"海户屯"，都是当年南海子外围海户聚落的历史痕迹。

但是，海户毕竟是明代贱民的一种，尽管享有一定的赋役优免权，也因为与皇家的特殊关系，和其他贱民有所不同，但待遇和地位仍极其低下。海户管理者的虐政，以及海户承担的不合理负担，导致从一开始就出现海户大量逃亡的现象。明代统治者将收容的净身者与由正常人充任海户的民户混合在一起，这也从一个侧面说明了海户地位的低下。据史书记载，海户中存在经常被"逼死人命"的情况。关于明代海户的生活情况，明末清初诗人吴伟业专门写有《海户曲》：

大红门前逢海户，衣食年年守环堵。收蕖腰镰拜啬夫，筑场賷酒从樵父。不知占籍始何年，家近龙池海眼穿。七十二泉长不竭，御沟春暖自涓涓。平畴如掌催东作，水田漠漠江南乐。驾鹅鹔鹴满烟汀，不枉人呼飞放泊……典守唯闻中使来，樵苏辄假贫民便。芳林别馆百花残，廿四园中烂漫看……一朝剪伐生荆杞，五柞长杨怅已矣……新丰野老惊心目，缚落编篱守麋鹿。兵火摧残泪满衣，升平再睹修茅屋。衰草今成御宿园，豫游只少千章木。上林丞尉尸连催，洒扫离宫补花竹。

诗文的大意是，诗人在大红门前遇到海户人家，他们年年守护着苑墙，在南海子里劳作，以此作为自己的衣食之源，已经不知道自己的祖上是哪一年哪一代来到这里的了。这里泉源处处、河水潺潺，平野如掌，水田连片，一幅江南风光，各种水禽飞鸟优游其间，所以前朝人呼此地为"飞放泊"。虽然南海子风景不恶，有江南水乡之趣，但海户的日子与外界隔绝，平时来这里的只有宫中的使者，所以如果偶有贫民来此砍柴，海户们也会予以方便。明朝的二十四园，到清初已经衰败了。明末清初的战火使人触目惊心，兵荒马乱当中，南苑已经杂草丛生，海户们只能捆扎篱笆、看守着苑中的麋鹿，所以他们期望太平盛世早点到来，好在新建立的清朝已派人催促海户整顿南苑的离宫花草了。这首诗描绘了南海子在和平时期的自然风光和海户的生活遭遇，也反映了明末清初战争对南海子造成的严重破坏。

第三节 清代中前期的"南苑"

一、南苑与清前期御园理政

在南海子的历史上，清代是一个非常重要的朝代。一方面，南海子被命名为"南苑"，出现在官方各类典籍之中；另一方面，南海子建

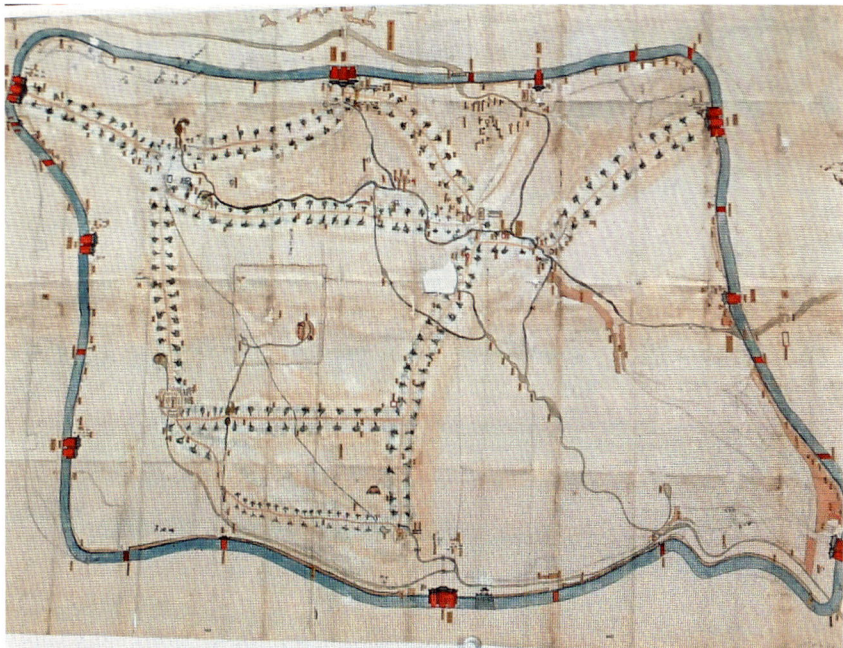

国家图书馆存清代《南苑全图》

设在清代达到了最高潮，功能也得到了最充分、最全面的发挥。与前代重大不同的是清代南苑承担了一系列综合政治军事功能，特别是成为清代皇帝会见达赖、班禅等藏族宗教领袖的政治场所。

清朝统治者重视南苑，有以下几种原因。第一，南苑水草丰美，能够满足清统治者讲武习勤、骑射围猎的政治军事需要，所以如同前代一样，列为禁地，禁止通行，以利麋鹿雉兔等繁育，以供射猎。第二，南苑地势开阔，适于举行年节烟火观灯等活动，以联络外藩使臣及各部落王公。第三，南苑清静幽雅，适合休养。顺治帝曾避痘南苑。康熙帝也曾多次携孝庄太皇太后、皇太后在南苑休养。第四，南苑的地理位置适于作为清朝皇帝巡幸出行、拜谒东西陵以及阅示永定河工的往返落脚点。尤其在乾隆朝，乾隆帝拜谒东陵之后，往往经南苑再拜谒西陵。

除此之外，清代南苑还承担起一项新的政治功能，那就是园居理政功能。和辽代、金代一样，起自东北的满族统治者对大自然似乎有着特殊的热爱。延续着在紫禁城进行宫廷理政传统的同时，清代统治者还建起了著名的三山五园（三山指万寿山、香山、玉泉山，五园指颐和园、静宜园、静明园、畅春园和圆明园），以及避暑山庄。他们每年春、夏、秋三季大部分时间居住在苑囿之中，形成清代特殊的园林理政传统。南苑、三山五园和避暑山庄因此构成了清代园林理政的基本格局和框架，而南苑则是园林理政的起点。在康熙中期修建畅春园以前，南苑是清廷唯一能够利用的近郊御园。所以在清朝初年，特别是顺治年间，南苑发挥了重要的政治功能，成为清初皇帝园林理政的重要场所。

顺治帝亲政之后，几乎每年都要前往南苑，有时甚至好几个月驻跸于此。顺治九年（1652）、十三年（1656），顺治帝曾避痘南苑。因为紫禁城内乾清宫等主要宫殿正值重建，顺治十一年（1654）十一月至十二年（1655）九月，顺治帝长期居住在南苑。顺治十三年（1656）十二月，顺治帝就是在南苑册封内大臣鄂硕女董鄂氏为皇贵妃。顺治十三年，顺治帝就是在南苑召见大学士陈之遴，讨论"朋党"问题，纵论宋明政治治理之得失。

除了处理日常政务外，顺治初年南苑还成为一次重要历史会见的场所：五世达赖喇嘛在这里觐见顺治帝。顺治初年，顺治帝敦促藏传佛教宗教首领达赖喇嘛来京，以利安定西北、西南民族地区。顺治九年（1652）正月，五世达赖喇嘛正式启程离藏。起初，五世达赖喇嘛希望在呼和浩特或者代噶（今内蒙古自治区凉城县境内）觐见顺治帝。考虑到拉拢当时尚未归附的漠北喀尔喀蒙古的需要，顺治帝也一度计划出边。但是在汉大臣强烈反对下，最后会见地点定在了南苑。

旧衙门行宫复原模型图

　　顺治九年十二月十六日（1653年1月15日），五世达赖历经近一年的艰苦跋涉后，终于到达了北京，顺治帝在南苑接见了五世达赖喇嘛。关于接见的情形，清宫档案如此记述：达赖上前进谒。皇帝从御座起身，前行数步，与达赖握手问候。之后，皇帝再次回到御座，御座之侧设有达赖座位，皇帝关切地让达赖登座吃茶，询问起居是否安好。达赖就在座前恭请皇帝圣安，讲述前后藏的情形，然后皇帝赐宴。五世达赖在其自传中更为详细地记述了接见的经过："皇帝按以前的诸典籍所载，以田猎的名义前来迎接。十六日，我们起程前往皇帝驾前。进入城墙后渐次行进，至隐约可见皇帝的临幸地时，众人下马。但见七政宝作前导，皇帝威严胜过转世王，福德能比阿弥陀。从这里又前往至相距

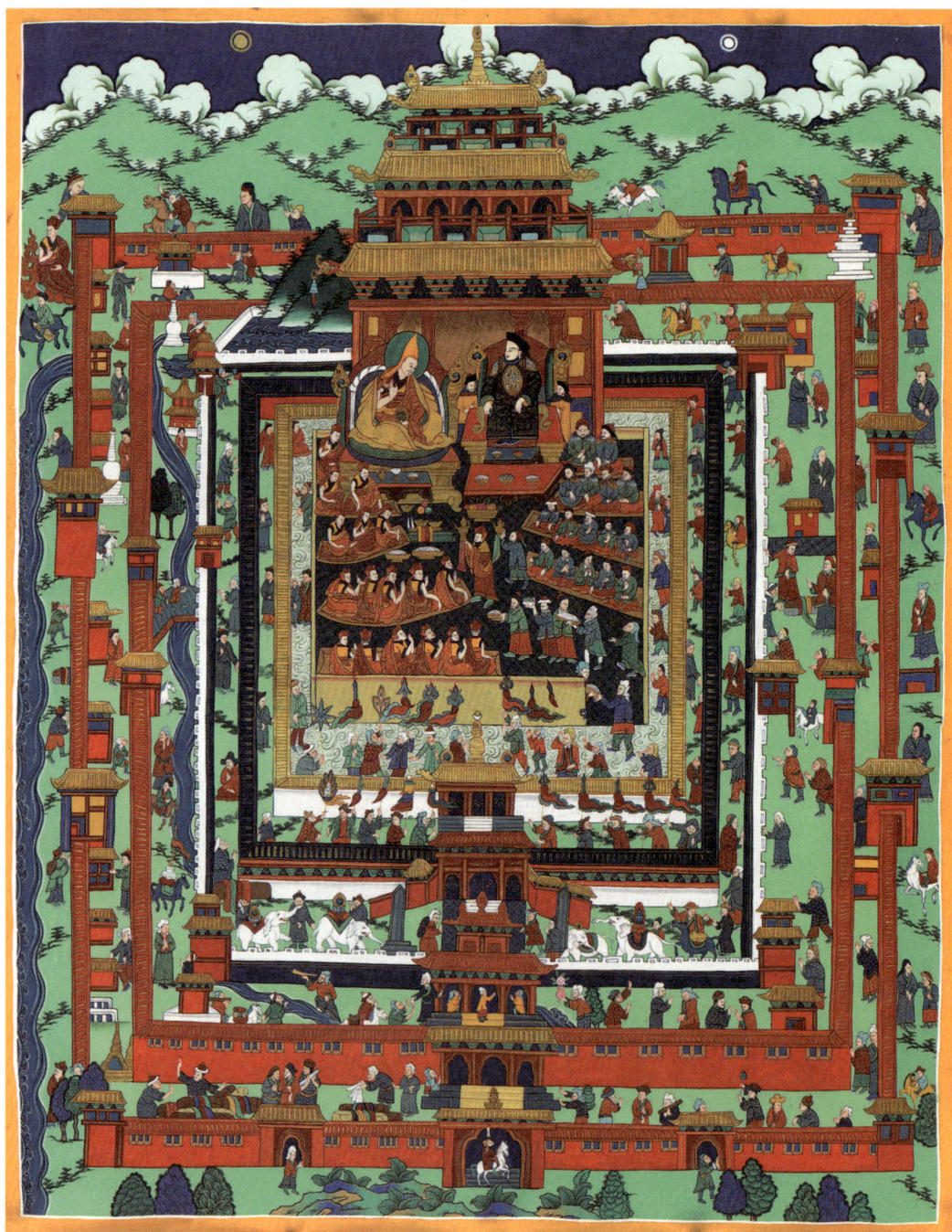

顺治帝接见达赖唐卡图

四箭之地后，我下马步行，皇帝由御座起身相迎十步，握住我的手通过通事问安。之后，皇帝在齐腰高的御座上落座，令我在距他仅一度远，稍低于御座的座位上落座。赐茶时，谕令我先饮，我奏称不敢造次，遂同饮。如此，礼遇甚厚。我进呈了以珊瑚、琥珀、青金石念珠数串、氆氇、蔗糖、唵叭香数包以及马匹、羔皮各千件等为主的贡礼。皇帝询问了卫藏的情况，我们高兴交谈。正如经论中所说，即使是一小粒金刚石，犹能冠绝普通宝石；王者虽年少，亦当威服年老臣子，其区别，有如菩提萨埵和声闻独觉。这位皇帝看起来只有17岁，虽然显得很年轻，但在无数语言各异的人中间，毫不畏缩，像无缰的狮子恣肆纵横。"

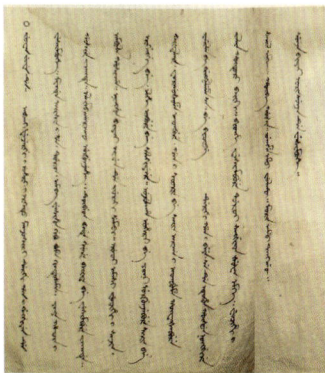

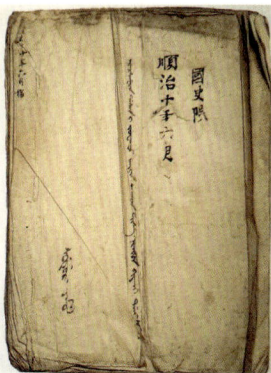

《顺治帝颁给五世达赖喇嘛的敕谕》局部，长80厘米，宽63厘米，西藏自治区档案馆藏

顺治十四年（1657年）六月二十四日，顺治帝专发敕谕问候五世达赖喇嘛身体安康，进一步加强满藏中央与地方的关系。

《五世达赖喇嘛奏谢顺治帝表文》，长39厘米，宽29.5厘米，中国第一历史档案馆藏

五世达赖喇嘛受到顺治帝册封后，于顺治十年（1653年）五月二十五日进表谢恩，并奉上礼品：哈达1条、佛1尊、琥珀30个、氆氇1块和马100匹，认可了清廷对自己的册封，从而确认了对清廷的从属关系。

顺治九年（1652）时，南苑并没有什么新的宫室建筑，具体会见地址在哪里呢？正史未见记载，乾隆帝后来在《乾隆四十五年御制德寿寺诗》中称在德寿寺。但事实上，德寿寺建于顺治十五年（1658），顺治九年尚不存在。不过乾隆既然在诗注中明确说顺治帝就是在这里迎接达赖的，说明地点很可能是在德寿寺附近。顺治九年，在今天的德寿寺遗址附近，有所谓"旧宫"一座，即旧衙门提督署，建于明代，在顺治九年时还相当完整，是德寿寺未建之前此地唯一的官署殿宇建筑。可以初步推断，这座旧衙门提督署即顺治与五世达赖会见之地。其址在今德寿寺遗址西北大约 400 米处，在 20 世纪初北洋军阀混战时被毁。

南苑会面后，朝廷专门拨款九万两，为五世达赖专门修建西黄寺，供他在京居住。顺治十年（1653）正月十六日，顺治帝在紫禁城太和殿宴请五世达赖。顺治十年二月十八日，五世达赖辞行离京返回，约在当年藏历十月下旬（1653 年 12 月）到达拉萨，完成了这次在清初历史上意义重大的朝觐之路。为了纪念这次历史性的会面，顺治帝下谕将他接见五世达赖的明代旧衙门提督官署改建成行宫，同时在旧衙门行宫旁兴建了德寿寺。顺治帝在南苑接见五世达赖喇嘛，是促进民族团结和国家统一的一件大事，体现了清代中央政府对西藏地方宗教领袖的充分尊重。

康熙一朝，除了行围、大阅之外，康熙帝也间或携带孝庄太皇太后、皇太后驻跸南苑。康熙朝中期以后，因为畅春园已经建成，除行围活动之外，康熙帝临幸南苑的次数逐步减少。

此外，康熙帝特别重视永定河的治理。每次阅视永定河工，往返路线多是从今大兴境内登船，然后向南、东南和向东一路查勘。根据史料记载，其登舟之处主要在大兴的鹅房、十里铺等地，巡视回程则大多驻跸南苑，稍事休整后返回京城。如康熙三十八年（1699）巡视永定河时，从卢沟桥沿南岸视察，然后返程时经由北岸，十月十四日行至求贤庄，并于当天驻跸南苑。[①] 再如，康熙三十九年（1700）十月巡视永定河堤岸，命皇四子多罗贝勒胤禛、皇十三子胤祥随驾。返程时先后驻跸宛平县榆垡（今大兴区榆垡镇）和南苑。[②]

这里仅以记载较为详细的康熙三十九年十月巡视为例略作说明。本次巡视永定河行程据《清代起居注册·康熙朝》整理如下：十月十四日，以巡视永定河堤岸，由午门出正阳门，驻跸宛平县鹅房村；十月十五日，自鹅房村遍视永定河堤，驾至麻格庄河湾；阅新庄、求贤庄、石佛寺等处河湾；又阅雅地里河湾；当晚驻跸固安县属葛家屯；十月十六日，自葛家屯遍视永定河堤，阅至北阁驿河湾；至清凉寺，阅冲决堤口；又行幸双营儿视堤工，毕，回銮驻跸葛家坞；十月十七日，自葛家坞遍阅永定河南岸，驻跸宛平县属榆垡；十月十八日，驻跸南苑；十月十九日，由正阳门进午门回宫。

乾隆时期，虽然圆明园作为御园理政的核心更加成熟，但在南苑的政治活动依旧频繁，乾隆帝巡幸畿甸，或巡幸五台山，或巡视永定河河工，出发或者回宫前大都驻跸南苑。乾隆四年（1739）十月，乾隆帝规定自己驻跸南苑期间，各部院衙门按照圆明园之例，轮班奏事。乾隆二十三年（1758），进一步规定了驻跸南苑时王大臣进班等有关事宜。

乾隆四十五年，南苑历史上又发生了一件重大事件，即乾隆帝在南苑德寿寺接见前来朝觐的六世班禅。

乾隆四十三年（1778），六世班禅奏请入觐为皇帝庆祝七十大寿，获得批准。乾隆四十四年（1779）六月，班禅额尔德尼率高僧、官员

---

① 《清圣祖实录》卷 195，康熙三十八年十月戊寅。
② 《清圣祖实录》卷 201，康熙三十九年十月丙子。

等 2000 余人，从扎什伦布寺启程，于乾隆四十五年（1780）七月首先抵热河避暑山庄举行入觐，接着在九月到达北京，再次与皇帝举行会见。乾隆对六世班禅喇嘛入觐朝贺极为重视，分别在承德避暑山庄与北京香山静宜园为六世班禅修建了须弥福寿庙和宗镜大昭之庙（也称昭庙），既用以表彰班禅远道前来祝寿之赤诚，又用以表示大兴黄教的意图。此外，朝廷还在南苑德寿寺内改建御座房三楹，用以接待六世班禅喇嘛。俞正燮在《癸巳类稿》中写道：班禅到了热河，皇帝避暑山庄淡泊敬诚殿接见，班禅在此跪请圣安。跟随皇帝来到北京后，皇帝又在南苑德寿寺接见，这里是顺治帝接见达赖的地方。乾隆帝对藏传佛教、对六世班禅的重视可见一斑。

南苑德寿寺是乾隆帝常去的瞻礼敬佛之地。如前所述，这座庙宇建成于顺治十七年（1660），是顺治帝为庆祝孝庄皇太后万寿而建的。德寿寺位于南苑新宫、旧宫附近，在旧衙门的东面。德寿寺建有东、西两座牌坊，东面的上书"化通万物"，西面的是"觉被群生"。大殿供奉的是释迦佛和阿蓝枷舍佛，御书匾额是"慧灯圆照"、"善狮子吼"，对联两副，一副的内容是"沙界净因留月印，檀林妙旨悟风香"，另一副是"慧镜慈灯广种善根垂福祐，溪声山色远从贤劫证圆通"。院内有两通石碑，刻的是《御制重修德寿寺碑记》，以及御制诗章。御座房三间，乾隆四十五年改建，东室门上的对联是"禅味每从闲里得，道心常向静中参"，西室门上的对联是"竹秀石奇参道妙，水流云在示真常"。因乾隆帝经常亲自到这里礼佛，德寿寺由驻扎南苑的官兵看守。乾隆帝喜欢德寿寺禅房的宁静，留下了"偶来兰若幽，颇爱禅房美"，"素爱禅房静，频来有句酬"等诗句。

乾隆帝认为他的曾祖顺治帝在南苑接见五世达赖的地点就是德寿寺，所以也选择在德寿寺接见六世班禅，以表达继承祖志之意。六世班禅于九月初二日抵京，初九日前往南苑，九月初十日在德寿寺谒见乾隆皇帝。

关于此次会晤的具体过程，乾隆帝曾于当年作诗《德寿寺》："德寿禅林成世祖，尔时达赖喇嘛朝。何期一百经年久，又见班禅祝叚遥。适我东归西去便，许其驻锡谒銮翘。翻经揭律寻常谨，可悟钟声披七条。"大意是世祖皇帝曾经在德寿禅林接待达赖喇嘛的朝觐，不料百年之后，我又在此接见班禅。因为我恭谒东西陵，停驻在南苑，所以也让班禅在此寺暂驻，方便他如常翻经持律。

清朝立国之初便确立了尊崇、利用藏传佛教以招抚蒙古、安定西北边疆的方针。六世班禅来京朝觐之时，正是蒙古卫拉特四部以及西藏土司归顺朝廷的重要时刻，乾隆帝以朝廷最高规格礼遇六世班禅，不仅具有增强文化向心力的作用，也意在宣示西藏在中国版图之内，强调"佑我无为治，雨顺与风调"的政治目标，其维护和稳定清朝对西藏的管辖之意不言而喻。所以乾隆对于在南苑会见西藏宗教领袖的政治意义非常看重，说此举"后先辉映，实为国家盛事"。

南苑另一类政治功能，则是作为誓师、班师等活动的场所。清朝入关后，因天下未定，战事频仍，清朝统治者派兵东征西讨，往往在南苑进行班师、誓师活动。在将领班师回朝时，也往往在南苑举行凯旋仪式，比如顺治元年（1644），摄政和硕睿亲王多尔衮以武功成，率诸王贝勒及诸将士祭旗纛于南苑。顺治二年（1645），和硕豫亲王多铎班师还京，顺治帝在南苑迎接。顺治九年（1652），敬谨亲王尼堪率师出都，顺治帝亲送至南苑。康熙十四年（1675），多罗、鄂札和图海征灭察哈尔之后，班师凯旋，康熙帝率众臣迎于南苑大红门。这也是清代王朝治理的重要组成部分。

总之，南苑是清朝最早的行宫所在地，是对明朝行宫体制的继承

乾隆皇帝大阅图轴
清 郎世宁

和发展。而北京是清代唯一的国都。虽然清代行宫遍地，但无其他国都，这是中央集权制度强化的一种表现。

二、南苑行围大阅

除了举行政治活动，南苑更是清朝统治者讲武习勤、围猎骑射之地，春冬狩猎于此，以保持尚武精神。遇到大阅盛典，就在此检阅军队。

早在关外时期，满洲贵族子弟们身上的武勇精神就开始出现退化的征兆。皇太极敏锐地注意到了这种苗头。他说：过去太祖皇帝时候，我们听说明天要出猎，今天就调理猎鹰，活动身体，积极准备。如果不让我们随行，我们就哭着请求同往。可是今天的贵族子弟，成天只知道在街市上玩乐。过去，无论长幼贫困，都愿意打仗出猎，那时候仆从很少，人人需要自己备马披鞍，自己准备行粮，可是大家都很踊跃。可是今天，子弟们遇到出兵、打猎，或者说妻子有病，或者说家务事需要处理。不愿意奋发向前立功，只耽恋室家，这样的话，国势能不衰落吗？所以在清军入关之前，皇太极就定下了"提倡国语""不废骑射""不改衣冠""严禁奢侈"的国策。

入关之后，因为南苑能够满足清朝统治者举行围猎活动、保持尚武精神的需要，故而继续受到清代帝王的特别重视，行围与校阅活动多在南苑举行。

所谓行围，是指春秋时节的围猎活动。顺治帝在位17年，曾30多次前往南苑。其中有5次明确记载有驰马、射猎或者亲试武举活动。如顺治四年（1647）五月，顺治帝曾率诸王、贝勒、贝子、公、大臣等出正阳门，到南苑北，校阅驰马，视其先到者分别行赏。顺治十年（1653）三月，顺治帝再幸南苑，"召汉官二品以上及诸词臣皆集，命侍卫护军等各擐甲吹角、呐喊陈列者再，悉如军律"。观毕赐宴，然后

青衡草氣接陽
和桼目化橫含
季登設御中鑌
兔一自傷遺倚彼
三忱紀自風耳波
鄹衆情付廿年
葡鑌樸平不痀
武遷恩諫擭簡
中吾自青橫倒
南龍行圍时第三首
乙青麗名梅翁

乾隆帝射猎图

出南苑行猎三日，苑中网鱼一日。[1] 顺治十四年（1657）十月曾多次前往南苑，其中先后幸晾鹰台，命内大臣侍卫及护军擐甲校射，召部院三品以上汉官及翰林科道从观[2]；于南苑躬擐甲胄，集部院三品以上汉官及翰林科道阅武。[3] 顺治十七年（1660）四月，顺治帝亲试会试中式武举马步射于南苑。[4]

康熙帝重视南苑的讲武习勤，曾多次强调南苑是皇家练武的最佳场所。康熙时期，虽然建立了木兰围场，每年都举行木兰秋狝，但在南苑的行围活动仍然频繁。据实录记载，康熙帝在位60年时间里先后90余次在南苑行围。行围的时间一般在春秋两季，除个别年份一年一次以外，大多数是一年数次，尤其是在战事频繁之际，如平定三藩，收复台湾，亲征准噶尔，抗击沙俄侵略军前后，一年之中甚至多达五六次行围；每次行围期间驻跸南苑的时间短则五六天，长则半月余。

乾隆帝也非常重视在南苑讲武，他说：南苑作为射猎之地条件非常好，水泽处处，草木茂盛，野物众多，因此方便皇帝闲暇之时前往行围，以训练军队，保持武勇之气。按照《清高宗实录》的记录计算，自乾隆三年（1738）起恢复南苑行围，到五十九年（1794）最后一次行围，乾隆帝一生到南苑行猎达48次之多，大多是在皇太后在世的乾隆四十二年（1777）之前。乾隆帝每次前往南苑时，基本上都奉皇太后一同前往。一般来讲，乾隆帝在南苑行围，尤其是秋季时节，往往是六七天之内连续行围，地点分别在旧衙门行宫、南红门行宫和新衙门行宫附近。乾隆帝曾赋诗称："于此习围忆少年，朝家家法意深焉。"乾隆帝对这两句诗自注说：我十二岁的时候，就随皇祖康熙在南苑行

① 《清世祖实录》卷73，顺治十年三月辛巳。
② 《清世祖实录》卷112，顺治十四年十月癸未。
③ 《清世祖实录》卷112，顺治十四年十月乙酉。
④ 《清世祖实录》卷134，顺治十七年四月甲午。

围打猎。我朝的家法，最重骑射功夫，所以皇家子弟，也都从小习劳习苦。如今每年春天，我仍然会让皇子皇孙们在这里学习射猎，这一家法要万年遵守。由此可见南苑行围的深度用意。

与日常通过围猎演练骑射的"行围"不同，"校阅"或"大阅"则是对八旗军队的军事演习。按照礼制，每三年举行一次。顺治朝大阅举行过一次，即顺治十六年（1659）六月。康熙帝在南苑大阅共6次。雍正朝只举行过一次大阅，在雍正七年（1729）。乾隆朝在南苑大阅两次，分别是乾隆四年（1739）十一月和二十三年（1758）十一月。

以下选择《清实录》所载三次康熙帝南苑大阅和一次雍正帝大阅，以观当时大阅之盛况。

其一，康熙十六年（1677）二月己未：

是日，大阅于南苑。命镶黄旗、正白旗、内府佐领下官员、护军、骁骑摨甲列晾鹰台东，鸟枪兵亦以次列台东，北向。上摨甲，命内大臣、侍卫、大学士、学士、起居注诸臣俱摨甲，遍阅军容。上御晾鹰台，命内大臣、侍卫及两旗官兵俱乘骑，分列队伍，鸣号角，前队进，次队继之，殿兵复继之。东西往来数次，呐喊驰骤，枪礮齐发，复归队伍。上阅毕，命于台下树侯。上率内大臣、侍卫马步射各四次。命大学士、学士、起居注官及各官兵以次射毕，上复登台，御黄幄，命内大臣、侍卫、大学士、学士、起居注官以次列坐，官兵俱于台下，分旗列坐，赐宴。[①]

其二，康熙四十年（1701）十一月壬辰：

大阅于南苑西红门内。列八旗为三阵，设两翼殿后军。上躬摨甲胄，遍阅军容。御黄幄，军中鸣螺击鼓，诸队并进，金鸣众止，如是者九。第十次，枪炮齐发。既毕，收军归阵。队伍整肃，旌帜夺目。来朝之

① 《清圣祖实录》卷65，康熙十六年二月甲子。

晾鹰台遗址

喀尔喀扎萨克图汗、王、贝勒等，皆相顾惊愢，奏曰："天朝之兵，整齐精锐如是，诚亘古未有也。"阅毕，上擐甲骑射，又命树侯，亲射二次，皆中。又命十五善射及硬弓侍卫等射。射毕，上回行宫。①

其三，康熙四十三年（1704）正月丁卯：

上大阅于南苑南红门内。列八旗火器、马步鸟枪手及护军骁骑为三行，设两翼殿后军。上率诸皇子、内大臣、大学士、侍卫皆擐甲乘马。遍阅军容毕，御黄幄。军中鸣角者三，然后鼓之，诸军并进，鸣金众止。如是者九。第十次，枪炮连发。既毕，收军归阵。进退作止，整齐严肃，又极娴熟。来朝之蒙古车臣汗等见之，无不惊骇悚惧，曰："天朝兵威，诚亘古未有也。"又阅视藤牌，命树侯，上亲射者再，发矢皆中。又命诸皇子、十五善射及硬弓侍卫等射。射毕，上回行宫。②

其四，雍正七年（1729）五月甲寅：

上阅车骑营兵于南苑。赐诸王文武大臣及官兵食物毕，辰时，靖边大将军傅尔丹等令车骑营车骑、火炮、鸟枪并马步军士，各按方位旗色，于晾鹰台前，排为阵式。巳时，上御晾鹰台黄幄，升座，赐诸

① 《清圣祖实录》卷206，康熙四十年十一月壬辰。
② 《清圣祖实录》卷215，康熙四十三年正月丁卯。

王大臣等坐。鸣海螺，排列处亦相继鸣海螺，直达营所。营内乃击鼓，南面红旗举展，诸军分队向前，火炮鸟枪一时齐发，金鸣众止。由是而东，而西，而北，各依旗色，次第操演。又两旗交展，两边分发，首尾相应，阵如长城。演毕，军士呐喊凯旋，仍归本阵，队伍次第，井然不失尺寸，军容绵亘整肃。上顾谓大学上张廷玉等曰："伊等操演，可称熟练。且喜今日天气晴朗，朕甚慰悦。然此车骑营兵，不过数分中之一耳。他如盛京、察哈尔等处，精兵尚多也。"大学士张廷玉等奏曰："三军和气，上达于天，天人交感，用昭晴朗，我皇上天兵所向，其谁能敌。"上又谓浙江总督李卫曰："此不过操演军士之一法耳。至于遇敌决胜，相机度势，神而明之，运用之妙，存乎其人，岂必拘拘排列阵伍，然后可以制敌？"李卫奏曰："皇上天兵，驯熟精锐，所向无敌，臣得仰瞻，可谓见所未见。"上又谓诸大臣曰："此次军务，怡亲王同大学士张廷玉、蒋廷锡办理甚属妥协。如蒙上天默祐，即奏凯歌，伊等之功不小。"怡亲王、大学士张廷玉、蒋廷锡同奏曰："臣等何知何能，仰蒙皇上指画周详，臣等不过遵奉办理耳。"奏毕，赐茶，因宣谕旨于营内，赐大将军银五千两，副将军银三千两，参赞大臣银各千两，随印内阁学士五百两，营总各二百两，章京等各一百五十两，司官各一百二十两，中书各一百两，笔帖式各八十两，前锋校、护军校、骁骑校各五十两，护军各二十两，披甲各十五两，车骑营兵各二十两。阅毕，上驻跸南苑西红门。[①]

　　一般而言，大阅除个别几次在西红门内旷地举行外，大多在南红门北侧的晾鹰台举行。《大清会典》还对大阅的基本仪制进行了归纳，其大概是：每次大阅的日期，都是由钦天监选择的吉日。在大阅前两

---

① 《清世宗实录》卷81，雍正七年五月甲寅。

天，武备院就要在南苑晾鹰台搭设御营帐殿，帐殿后面设一圆幄，恭候皇帝亲临。等士兵排好队列后，兵部尚书前来奏请皇帝阅操。于是皇帝驾临晾鹰台的圆幄，亲自顶盔贯甲，扈从的内大臣、侍卫、亲军等也要穿上甲胄。内大臣和兵部尚书为前导，后扈大臣及总理演兵王大臣，随从御前大臣侍卫、乾清门侍卫、满洲大学士等都在后面随行。在他们的后面，是豹尾班侍卫随行，再后面则是黄龙大纛随行，接下来是三旗侍卫，排在火器营兵之后、首队之前。皇帝自左至右，检阅部队一周，回到晾鹰台帐殿。接下来，兵部尚书跪奏请鸣角。于是帐殿前的蒙古画角先吹响，接下来是亲军海螺、传令海螺。声音传到鹿角前，首队、次队海螺齐鸣，举鹿角兵听到之后，则击鼓而进，鸣金而止。看到挥舞红旗，则炮枪齐发，鸣金则止。如此九次，到第十次，则连环齐发，鸣金三次再停止。满洲炮到第七次停发。连环发射停止后，鹿角分开，出现八门，首队前锋、护军骁骑排开驻立，次队也随之而进，等听到鸣螺，都大声呐喊着前进，两掖应援兵也斜向前进，之后是殿后兵，听到鸣螺而回。大阅典礼完成后，皇帝进入圆幄，脱下甲胄，回到行宫。清代皇帝在南苑的历次大阅活动，虽然细节略有出入，但大致程序不出此范围。

《乾隆大阅图 卷三 阅阵》局部

无论行围还是八旗兵大阅，其目的首先是为了保持八旗"国语骑射"的传统，增强武备，提高八旗的军事战斗力，教育皇子勤习骑射。南苑行围的同时还经常校阅侍卫，既是对各等级御前侍卫骑射技能的检验，又是强化纪律、展示统治集团精诚团结、勇武精进的手段。清中前期在南苑频繁举行的行围打猎和大阅，反映出清代皇帝对尚武精神的坚持。清前期国运不断上升，与帝王们身上这种尚武进取精神直接相关。同时，清代皇帝阅兵围猎之际，还通过围猎仪式会见少数民族首领，以此展示皇朝军威，兼有威慑在场的少数民族首领的政治意图。康熙帝通过南苑阅兵震慑蒙古王公，建立起了与西北少数民族政权之间的联系。顺治帝、乾隆帝先后与达赖、班禅相见，建立起了与西南边疆的联系。南苑这个清代早期的园居理政的重要地点，其政治功能辐射到了清朝的整个版图和疆域。

三、清前期南苑建设

随着清朝统治者在南苑行围和校阅活动的进行，南苑在清中前期也得到不断的建设和发展。因为顺治帝经常驻跸南苑，南苑在顺治年间得到较好的修缮和维护。顺治十四年（1657），修建小红门内西偏的道教庙宇元灵宫。顺治十五年（1658）重修明朝的两处提督衙门，更其名为新衙门行宫和旧衙门行宫。此外，顺治朝还修建了德寿寺、真武庙、关帝庙、七圣庙、药王庙等。

康熙帝经常在南苑行围、阅兵，南苑的建筑也逐渐增加。康熙十七年（1678），康熙帝建永祐庙，大殿叫延真殿，供奉天仙碧霞元君。康熙二十四年（1685），康熙帝把南苑原来的 5 个门增加到 9 个门，即正南的南红门，东南的回城门，西南的黄村门，正北的大红门，稍东的小红门，正东的东红门，东北的双桥门，正西的西红门，西北的镇国寺门。

为了便于耕种南苑的海户进出方便,康熙三十七年(1698)又在9门基础上增加14座角门,康熙三十年(1691),在小红门西南建永慕寺,大殿供奉释迦佛像。康熙三十三年(1694)重修永胜桥。康熙五十二年(1713)建南红门行宫,主要用于康熙帝在检阅军队、行围狩猎之后的休息之用。

雍正一朝仅于雍正七年(1729)进行过南苑大阅,所以雍正朝在南苑的建设不多,只雍正八年(1730)晾鹰台北六里许修建了南苑的土地庙——宁佑庙,规模不大,供奉南苑安禧司土神像。

乾隆朝国家政治稳定,经济实力增强,南苑的建设进一步增多,并最终奠定了南苑作为皇家苑囿鼎盛格局。乾隆三年(1738),重修建自明嘉靖年间的关帝庙。关帝庙位于德寿寺西南里许,前殿2层,一层供奉关帝,二层殿供奉真武大帝,后殿3楹,供奉三世佛。同年,又在南苑正北门大红门(又称北红门)内建更衣殿。与此同时,又下令重修了关帝庙和元灵宫。乾隆二十八年(1763)重修旧衙门行宫。乾隆二十九年(1764)重修永慕寺。乾隆三十九年(1774),重修马驹桥和碧霞元君庙。乾隆四十二年(1777)修筑面积达400亩的团河行宫,行宫中有璇源堂、涵道斋、归云岫、珠源寺、镜虹亭、狎鸥舫、漪鉴轩、清怀堂八景,分为东湖、西湖两大景区。乾隆四十五年(1780)改建德寿寺。

乾隆五十四年(1789),乾隆帝把南苑的苑墙由土墙改成砖墙,共改砌砖墙九段,凑长一万九千二百九十二丈九尺,底厚二尺三寸,顶厚一尺八寸,连蓑衣顶通高一丈,看墙六道,有一万九千八十五垛,每垛长一丈,高八尺五寸,耗银38万两。此外还开辟了13座角门。乾隆帝对此动用帑银改砌砖墙并惠及海户之举非常得意,乾隆五十三年(1788)曾有《入南红门》诗一首,其中注释称:"海子周围原皆

德寿寺碑

德寿寺重建后实景

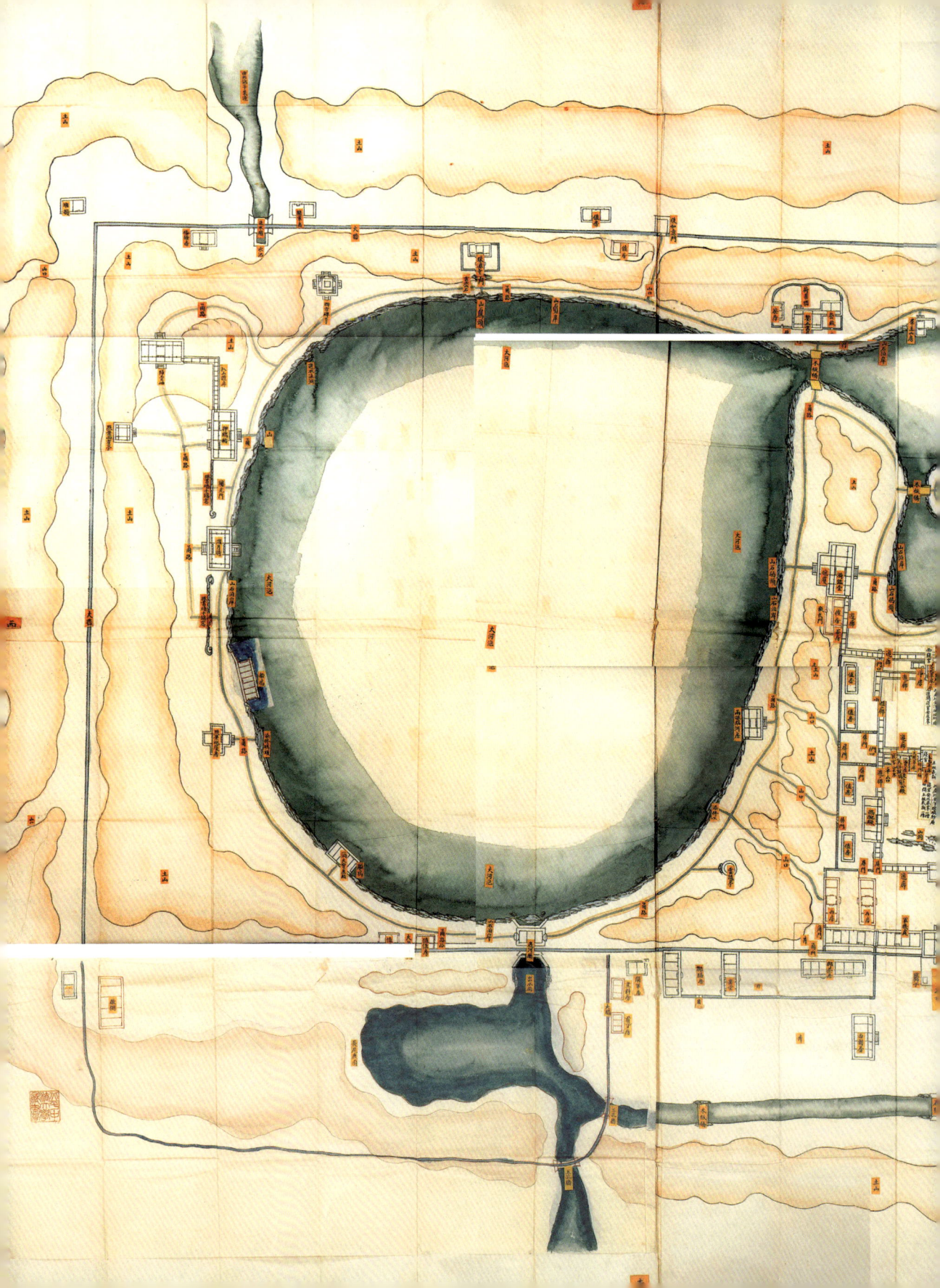

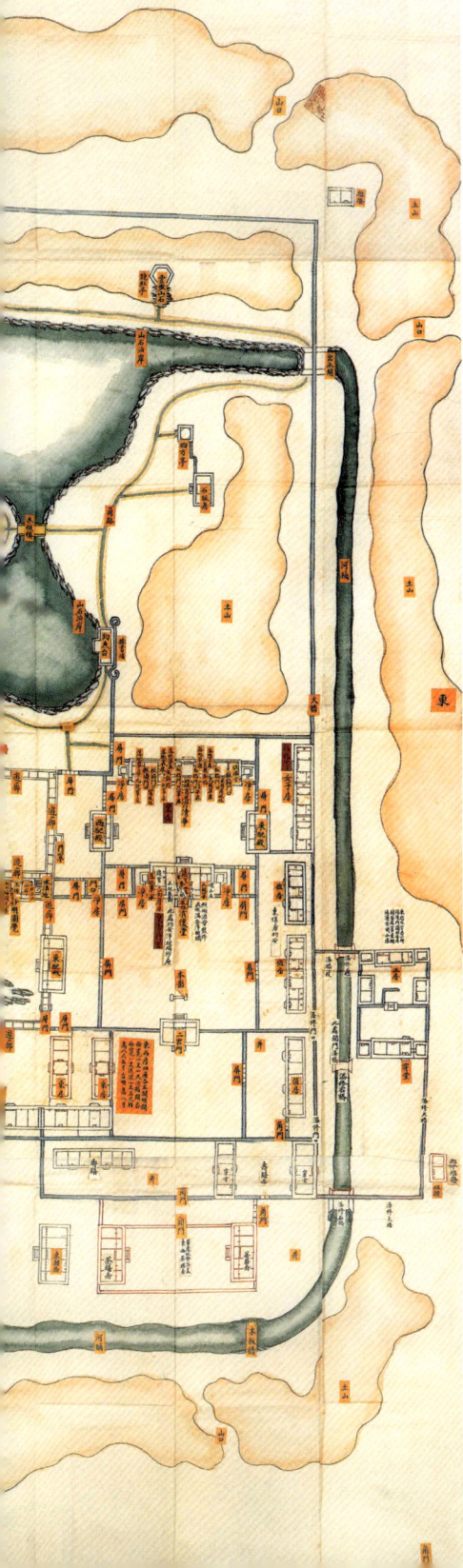

団河行宫图

乾隆所用"南海子团河行宫宝"

土墙，夏雨每致淋颓。则海户出力修十分之四，官发帑修十分之六，此向例也。因思海户虽皆受田役，亦其当然，但怜其贫穷或不支，即官发帑亦每岁多费无止期。爰命次易以砖，即免每岁之费而海户免此力役，受惠实多矣。通发帑三十八万余两成之，受雇贫民亦资其力。然出之内府，无涉司农，此知过论所谓不可已者仍行之者乎？"

经过乾隆一朝的修缮与建设，南苑形成了四座行宫，即旧衙门行宫、新衙门行宫、南红门行宫和团河行宫为主体建筑的御园格局。南苑在乾隆时期的建筑达到高潮，在功能发挥上也是淋漓尽致。

团河行宫复原图

四、南苑管理与海户、苑户

清朝自入关之初就对南苑加以利用，但是对南苑管理体制的建设则稍晚。顺治十一年（1654），顺治帝以内府事务殷繁须各司分理为由，将内务府裁撤，以十三衙门代之，由十三衙门之一的尚膳监管理林麓苑囿等事，但尚膳监的主要职责在于负责宫廷宴席筹备等事务，因此对南苑的管理也主要针对飞禽走兽，以便提供食材等物资。顺治十六年（1659）设南苑官，有员外郎 2 人。顺治十八年（1661），十三衙门被裁撤，尚膳监被改设为采捕衙门，添设两名办事员外郎负责南苑诸项事宜的管理，此后改授一人为郎中。康熙初年重设内务府，将原来的十三衙门改为隶属于内务府的各部门。康熙十六年（1677）将采捕衙门改为都虞司，因此又将南苑划归都虞司管辖。在顺治时期和康熙初年，清廷对南苑的管理一直没有形成稳定的制度和体系，由于内府机构一直在不断变化，南苑的主管部门也几经变动，且这一时期管理南苑的部门都侧重于对飞禽走兽的管理，并未将整个南苑的方方面面纳入管理之中，直到奉宸苑设立。

康熙二十三年（1684），清廷设置奉宸苑，管理景山、瀛台、南苑等处事务。奉宸苑衙署在北红门内迤东。康乾时期，掌管南苑的奉宸苑官员几经调整，最终形成了郎中 1 人、员外郎 2 人、主事 1 人、委署主事 1 人、苑丞 7 人、苑副 13 人的人员体制。另外，南苑守卫设正四品总尉 1 人，正五品防御 8 人，掌管南苑九门门禁，统帅所属官弁兵丁、稽查出入并负责巡防守卫。

海户和苑户等劳役人员承担着南苑地界的各种劳役。苑户专司洒扫、坐更等事，一般由身份较低的旗人充任，每名给地 28 亩。康熙三十年（1691），新旧行宫设洒扫苑户 16 名。康熙五十二年（1713），南红门、新旧行宫增设苑户 32 名。康熙五十六年（1717），永慕寺设苑户 10 名。乾隆四十六年（1781），团河行宫增设苑户 32 名。

海户主要从事饲养兽禽、维护苑墙、栽培林木、芟割草料、种植蔬果等劳役工作。原定南苑海户 1800 名，与清代其他贱民相同，身份世袭，如果出现缺员，则以其子弟顶补。后来经过多次增减，至乾隆时期，海户基本固定为 1600 名左右。海户地位低贱，承担着南苑最繁重的维护和劳作任务，每逢大阅，皇帝也常常怜其生活困顿，予以赈济赏赐。乾隆二十八年二月，颁布上谕：去岁雨水过多，南苑海户等生计未免竭蹶，著加恩赏银二千两，按名分给。[①] 随后乾隆帝还撰写了《海户谣》一首："海户给以田，俾守南海子。常年足糊口，去岁胥被水。以其有恒产，不与齐民比。赈贷所弗及，是实向隅已。我偶试春蒐，扫涂仍役使。蓝缕洵可怜，内帑宁惜此。一千六百人，二千白金与。稍以救燃眉，庶免沟中徙。并得贳春种，青黄藉有恃。道旁纷谢恩，菜色颇生喜。尔喜我所惭，过不他人诿。"大意是说，国家给海户分配田地，让他们世代守护南苑。平时田地所入是足以糊口的，但是去年遭遇了水灾。因为他们都各有恒产，比普通百姓强，所以国家没有赈济，但事实上很多人生活已经遇到了困难。我在春天到此行围之时，看到他们衣衫褴褛，很是可怜。于是赐 1600 人一共二千两白银，以稍救他们的燃眉之急，让他们免于辗转沟壑，并且能买得麦种，青黄不接时也能活下去。海户们在道旁纷纷谢恩，满是菜色的脸上也生出欢喜。你们欢喜，我却惭愧，这是我的过错，无法推诿他人。

苑户与海户承担的各种事务中，还包括为内廷提供日常生活必需品，尤其内廷所需的马匹、牛羊乳制品及果蔬等物资。

马匹主要供应皇帝和皇子使用。清制，在京城设内外马厩，内马

---

① 《清高宗实录》卷 680，乾隆二十八年二月壬辰。

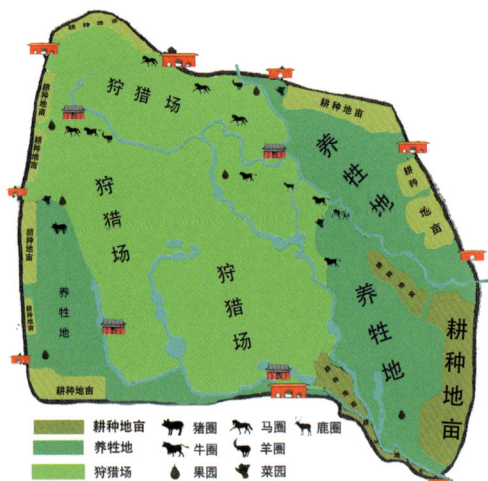

耕种地亩　　猪圈　　马圈　　鹿圈
养牲地　　　牛圈　　羊圈
狩猎场　　　果园　　菜园

清代南海子用地示意图

厩设于皇城，外马厩设于南苑。南苑御马、内马共6厩。每厩附巡群马30匹，牝马10群，每群200匹；瓮山驽马1厩240匹。雍正元年（1723），定每厩驽马额定240匹。雍正十一年（1733），定南苑6厩内设挏马1群、额腾马10匹、牝马80匹，以备取马奶之用。

清宫内廷常年需用大量牛乳和乳制品。顺治初年在西华门外设内牛圈3处，在南苑设外牛圈3处、供应乳饼圈1处，在丰台还设有羊圈6处。南苑的3处牛圈，每圈养全耳骟牛7头，供应牛乳的分例乳牛和额外乳牛数量，根据需要随时增减。此外，备给庄园骟牛6头，乳牛80头，另为一圈，专门供应乳饼、乳渲等乳制品。按照规定，每头乳牛每天取乳2斤，交送尚茶房。雍正元年（1723）定，每年春秋二季，清茶房造乳饼，日用牛乳50斤，由尚茶房咨明，于南苑三牛圈内拨取乳牛15头，送入内三牛圈喂养取乳。至停造乳饼时，仍归原圈。此外，内廷各宫殿寺庙每年所用供献的乳饼，也均由南苑乳饼圈成造交进。

清帝在先农坛举行耕耤礼时的耕牛也由南苑三牛圈处喂养，交总管内务府大臣负责。雍正三年（1725），雍正帝谕令，每年举行耕耤典礼之后，顺天府把耕耤牛交由南苑三牛圈牧养，到次年耕耤之前，顺天府再来取用。

　　内廷所需的新鲜蔬果主要产自南苑。清制，内廷日常所需的蔬菜瓜果，一般由内务府所管辖的庄园供应。康熙十二年（1673）奏准，南苑内设果园5所，各给地1顷19亩外，各给养赡家口地2顷10亩，每年交纳各种桃李，不征收地亩钱粮，征收各色果品，以备各处供献内廷之用。

　　南苑水草丰美，所产草料不仅供应苑内所蓄养马匹、牛羊所需草料，而且还在一定程度上供应着京城官民马匹的草料。清初，南苑定例，每年由海户向兵部交纳五十余万束的草料，此外多余的羊草由大兴、宛平两县变卖，发给窑户供烧砖瓦之用。在京畿遭灾之际，南苑草料还能起到平抑京城马驼所需豆草价格的作用。

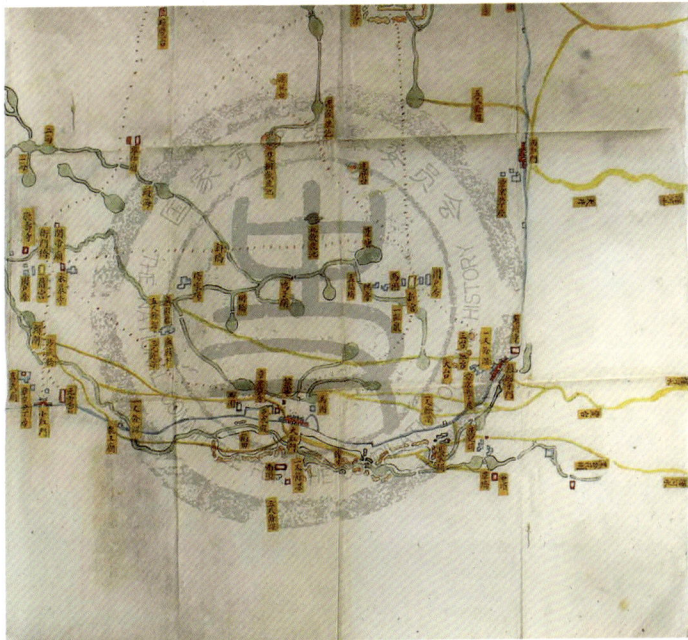

清同治时期永定河决口后南苑一带水势情形图

第一节 皇家活动减少与衰败进程

从清代中期嘉庆朝之后，南苑告别了往日的辉煌，步入衰落阶段。

和清中前期历代皇帝比起来，嘉庆帝的进取心已经大大衰减，他是一位守成之君，曾作《守成论》。他以奉行节俭为名，不仅取消了木兰秋狝活动，也减少了在南苑的行围和校阅活动。嘉庆帝在位 25 年（1796—1820），只去南苑行围 12 次，木兰秋狝与先辈相比也明显减少。嘉庆朝大阅也只有 1 次，即嘉庆十七年（1812）三月。南苑行围的次数变化，背后反映出的是清代皇室尚武精神和进取精神的衰退。

道光帝在位 30 年（1821—1850），不但停止了木兰秋狝，前往南苑也仅有 14 次。道光之后，咸丰帝没有在南苑行围的记录。同治帝虽然于同治十三年（1874）在南苑行围，但参加行围的满洲八旗子弟，已经不会骑马打猎，他们事先买好猎物交差。《天咫偶闻》载：他们事先买好野鸡野兔，到时候插上箭献上，就能获赐花翎，实在令人叹息。

位于南苑的昆仑石，即乾隆御制碑，存于北海、圆明园和南苑各处

　　从嘉庆朝开始，南苑的很多铺陈锐减。嘉庆二十年（1815）正月，嘉庆帝驻跸南苑，直隶总督那彦成"陈奏添设灯城"，建议建一座灯城，嘉庆帝斥责他多事，将那彦成革去花翎，以示薄惩。

　　由于皇帝活动减少，南苑的管理也日渐松懈。各种治安案件不断发生。如嘉庆六年（1801）十二月，曾发生过一起"盗草案"。十二月十六日，家住南苑的普通百姓严兆祥家里，几十担草料被盗。说是被盗，实际上却是明抢。据盗犯高大供称："我系大兴县人，在姚家村居住，我们村庄被灾，各家穷苦，没有衣食。十二月十六日，我与乔二、倪三、满四并未获之王黑子等十八人，共二十二人，俱在乔喜儿家说起穷苦，王黑子起意说海子内种地的严兆祥家场院堆有干草，大家偷些草束卖钱吃用。我们应允。是夜，从海子小红门东边关涵洞缺橛处进了海子，到严兆祥家掇开篱笆进内。事主查问，我们齐声说：因没有吃的，挑几担草卖钱，若要拦阻，就要打。事主没敢言语。我们每人挑草一担，从小红门西边倒墙豁口出来，于十六日将草挑在市上卖钱，大家吃用了。"从盗犯的供词来看，盗犯二十余人可以轻松地从南苑小红门东边的缺口处进入南苑，而事主发现了盗贼后，竟然不敢阻拦，听任他们每人挑了一担草大摇大摆地离开。这件事既反映出南苑守备力量的削弱，也反映出南苑管理的松懈。

到了嘉庆十八年（1813），南苑甚至发生了"盗御马"事件。这一年四月，在南苑圈养的两匹御马被盗。案犯王二在四月初五日大白天，进入南红门，盗得两匹御马，一匹是烟熏枣骝马，一匹是青马。四月十七日，王二将所盗马匹牵至山东庙会上贩卖，要价一百余两银子，后被官兵拿获。

除了御马被盗，在嘉庆朝，南苑还出现了"私养马匹"现象。南苑水草丰美，地势开阔，是养马的上佳之地，因此皇帝的御马才在这里牧养。因为政治混乱，纲纪废弛，朝中很多权贵也看中了这块地方，把自己的马匹偷偷放入南苑牧养。如嘉庆十一年（1806）十月十一日，官员文宁就发现拉旺多尔济等几名蒙古额驸将私有马匹圈入南苑牧养。由于拉旺多尔济在嘉庆八年（1803）皇帝在紫禁城遭遇陈德刺杀时救驾有功，嘉庆帝对他网开一面。至于同样在南苑私喂养马匹的额驸索特那木多布齐、玛尼巴达喇就没有这么幸运了，二人均被交理藩院议处。

嘉庆十八年御马被盗案发生后，在审问厩长哈丰阿时，他也供称，权贵私养马匹之事，其实长期存在。自己充当厩长以来，每年冬圈内都会分养丹巴多尔济马的一二十匹马，此外还有阿那保的私有马匹也在圈内喂养。嘉庆帝得知后，十分气愤，派人进行深入调查，结果查明，南苑各官厩内私养马匹达到一百二十余匹。

进入道光朝，南苑管理更趋混乱，日益衰败的势头仍然持续。道光十八年（1838）三月二十七日，道光帝在南苑行围，发现南苑牲兽锐减，于是下达上谕：南苑本来是我朝讲武之地，皇子皇孙都在这里操练弓马，这是朝廷家法，断不可废。但近年以来，围场的牲畜十分稀少，都是管理不善之故。野兽是藏身在草木之中的，如果伐木割草过度，它们无所藏身，又容易导致私砍滥伐，到围猎之时将没有野兽可打，那将成何体统？

道光帝以长期担任奉宸苑管理大臣的禧恩"漫不经心，废弛疏懈，咎实难辞"，命其不必管理奉宸苑事务，以定郡王载铨、内务府大臣裕诚管奉宸苑事。于是，载铨奉命奏呈《京师南苑管理章程》，力图清理积弊，确保皇家苑囿的正常运转，得到了道光帝的允准。章程内容大致包括四个方面：首先，规定皇帝行围驻跸南苑时，对官兵、侍卫、扈从官员携带枪支进行严格管理。其次，加强对皇子在南苑学习行围时随从人员携带枪支的管理。再次，严查苑内私垦草地。最后，补充南苑内日益稀少的野生动物，命盛京将军每年向南苑解送活獐。

与此同时，道光帝命载铨和裕诚到任后立即着手查看南苑开荒地亩、草甸、牲只，并清查南苑各项钱粮情形。经调查，自嘉庆朝以来，历任奉宸苑苑卿任内，都存在私自开垦谋利的情形，其中丰绅殷德、英和、那彦宝、文幹、苏楞额和禧恩等历任管理大臣任内浮开地亩（包括已奏明招佃租出地和未经奏明招佃租出地）屡有发生，而且数量不少，累计659顷。道光帝谕令将历年所开垦的地亩限期两年内陆续抛荒。

为逐步恢复南苑的自然生态，道光十九年（1839），又停止了南苑例行的干枯树木砍伐惯例。按照惯例，南苑内树木或二年或三年芟锯一次，所砍伐下来的干枯树木交与南苑内四处行宫冬季燻炕处取暖之用。定期将干枯生病树木加以砍伐，本来是为了维护南苑树木的健康生长，但由于内部管理混乱，有关人员经常将很多并未枯死的树木也加以砍伐，从中谋取私利。结果造成苑内树木渐形稀疏。

经过道光十八年（1838）的这次整顿，南苑的管理稍有起色，"渐复旧规"，在一定程度上遏制了自乾隆朝末年以来愈演愈烈的私垦现象。道光二十二年（1842）三月，道光帝再次行围，"以南苑牲兽众多，草木繁茂"，予管奉宸苑事定郡王载铨等议叙，赏南苑管围总领章京等银币有差；又赏赐南苑看守各行宫苑户一月钱粮、海户银一千两。同时，再次就南苑的管理颁布上谕：

> 南苑为我朝肄武之地，必应培植草木，豢养牲畜，以备春秋临幸。我大清亿万年皇子皇孙，敬遵家法，于此习劳讲艺，岂容随扈官员兵役人等任意驰驱，猎取牲畜？昨朕偶尔登楼眺望，迤北蒙古包一架，帐房数架。该处有来往乘骑驰骋之人，所获兔只，攫取而归。本日询问御前大臣，知系额驸德木楚克扎布住宿之所。行宫密迩，例禁綦严。该额驸初次当差，不知谨饬，任令属下人等肆意妄为，著交该衙门议处。此外必有私行弋猎之人，实属大胆，可恶可恨。嗣后著责成八旗护军统领，届时于行宫附近地方，各按应驻方位，环列周查，并各饬官弁，认真稽查，不论大小官员、军民人等，如有违例猎取牲畜者，立即禀明该管官参办。并著总理行营大臣，及管理奉宸苑王大臣，不时远近巡察，毋稍疏懈，不准瞻徇情面，代人受过，致蹈欺罔。至南苑为驻跸禁地，理应严肃，以昭慎重。近闻来往行人，颇有由各门内取径出入者。著管理奉宸苑王大臣出示严禁，时加访查，不得视为具文，致干咎戾，并著南苑各门，各录一通，永远遵循。[①]

---

① 《清宣宗实录》卷369，道光二十二年三月丁巳。

道光二十六年（1846）三月行围时，亦称赏"南苑草木繁茂，牲兽尚多"，赏赐定郡王载铨加一级俸禄。但是，面对人口激增，流民无数，亟待通过开垦解决粮食问题，南苑逐步放垦的趋势最终难以避免。

　　进入咸丰朝后，由于外患内乱频繁发生，咸丰仍然寄希望于南苑的军事武备功能。咸丰初年，捻军扰掠京畿，为加强京师驻防力量，朝廷调拨察哈尔官兵 4000 名驻守南苑。咸丰八年（1858）四月，又调察哈尔备用马 2000 匹，解往南苑牧放。同治元年（1862），命神机营移驻南苑，马步官兵于春秋二季分拨赴南苑扎营操演。为了在南苑驻操，清政府还建立兵房，至同治十二年（1873），修建马步队营盘 22

清代南苑大红门

座、瓦房 59 间、灰房 713 间、土房 3646 间、营门 46 座、濠墙 4424 丈。不过，虽然清政府每年为神机营以及南苑操演军队投入大量经费，实际效果却不佳，巡捕营备操之官兵 2000 名，经醇亲王奕譞在南苑阅看，按册点验，多半为临时雇替者冒充；器械也多不堪使用。

光绪一朝，南苑依然是京城加强驻防守卫的重点区域，是神机营、新军等扎营操练的地点。但是被清政府寄予厚望的神机营兵管理混乱，训练松弛，纪律涣散，直到八国联军入侵北京时，一败涂地，最后被取消。

第二节　走向全面放垦

南苑的衰败与私垦泛滥，也与地理环境的变化密切相关。到了清初，永定河流域的河患日趋严重。清朝268年间共发生了129个年次的水灾，有 42 次属于永定河水灾；在其中的 5 次特大水灾、30 次严重水灾中，永定河就分别占了 4 次、18 次。

康熙三十七年（1698）永定河又一次突发大水，康熙亲临阅视，决心根治永定河水患，命于成龙大筑堤堰。南岸从旧河口起到永清县郭家务，筑大堤长 82 里。北岸自良乡张庙场起，至永清县卢家庄止，筑大堤 102 里，成为永定河治理史上的标志性事件。工程结束后，康熙赐名永定河，希望这条河永远安澜。从此，石景山以下的永定河河道基本被固定，河流漫流状态结束。永定河主流再也没有从城南的看丹、凉水河、南苑、采育一带经过。

清雍正年间，为了加强北运河运力，以清刷浑，朝廷着手整治京畿水利，其中一项重要的举措就是切断凉水河、凤河等与永定河的关系，使之归入北运河水系。《光绪顺天府志》记载，雍正四年（1726），利用永定河故道潜水层溢出泉水的补充，将原本属于永定河水系的凉水河、凤河加以疏浚、建闸并划入北运河水系，用以调节北运河水量以及刷浑澄清。

乾隆朝对南苑内外的河渠水泊进一步疏导，将上游的柳村河、丰草河、马草河、莲花河等整理汇入凉水河，使其流经南苑内，汇同一亩泉等再流出南苑，汇入北运河。

雍正、乾隆年间的整治，使得南苑水体切断了与永定河的直接联系而归入北运河水系。剪掉脐带的后果开始显现，南苑的水源补给渐渐枯竭，地下水位急剧下降，古河道上的沼泽、湖泊、泉流缩小乃至消失，原来的湿地渐渐成为平陆。在南苑一带由湿地变成宜于农业开发的平陆的过程中，清代的人口也迅速增长，人多地少的矛盾日益突出。

道光朝厉行查禁南苑私垦地亩，却一直禁而未绝。除了历任奉宸苑管理大臣的腐败，更深层的原因是社会生产与人口激增的矛盾。除了南苑，道光朝还把东北地区原本已经垦种的土地封禁，但效果也不好。

显然，到了清朝后期，原有的社会结构已经无法承受人口压力，传统的解决民生问题的方式已经失效了。同时鸦片战争之后，传统的军队组织、练兵方式已经被证明应付不了全球化变

局，南苑通过围猎训练军队的功能已经丧失了现实基础。彻底改革军事体制，已经刻不容缓。但是道光仍然恪守祖制，不思改革。

到了咸丰、同治两朝，南苑私垦现象日甚一日，大臣请求变闲置土地为农田的呼声也不断增强。咸丰朝，嵩龄、德奎奏请开垦南苑，从经济的角度提出将南苑招佃垦种，并说这有助于增加财政收入。这一呼吁真实反映了京畿人地矛盾与区域经济开发的迫切需求。但刚刚继位的咸丰皇帝依然坚持祖制，不容更改。同治时期仍然宣称要固守旧制，反映了清廷对变革的漠视和迟钝，同样也反映了其解决经济问题时以"祖宗旧制"这一政治原则为优先考量的僵化思维模式。

但是毕竟形势大于人，进入光绪朝，南苑一带已成为畿辅动荡的重点地域，"贼匪"丛生，动荡不已。光绪末年，南苑一带甚至有"青苗会""仓匪"等秘密会社性质的组织活动。这些被清政府描述为"匪徒"的群体，实际上多是南苑附近长期以来因战乱、水灾而流离失所的饥贫民众，为了"谋食"，进入南苑"偷砍御路树株""私贩私宰""偷打牲兽""抢掠孤客"。清末京畿民众的经济民生需求与清廷坚守"祖宗旧制"的冲突日趋剧烈，南苑作为"祖宗旧制"的"行围校猎"和"大阅八旗"也久已荒废。

八国联军抢掠北京时，南苑惨遭破坏，加上光绪年间大水频发，致使南苑大水后围墙多半倾圮，新旧衙门和南红门行宫等各处殿宇坍塌情形严重。困局之下，清廷已无力再修缮和维护南苑的运转，不得不选择全面放垦，南苑终于进入民用开发的进程。

光绪二十八年，朝廷决定，南苑比照口外垦荒，招民佃种。当年六月二十三日，设立了"南苑督办垦务局"，发布招垦章程，发给垦户执照（俗称"龙票"）。招垦章程规定：

一、所有招募认垦之人，即以八旗内务府以及顺直绅商仕民人等、旗人取具图片，绅民取具切实具结，始准领地，均以十顷为制，不得逾数。

二、地利本有肥瘠之分，应缴押荒等银，厘定上、中、下三等，至将来升科，亦按三等分上下忙开征；倘有顽劣之户拖欠钱粮，即将地亩收回，另行招佃认种。

三、招募佃户宜有栖身之所，准其自盖土房，不准营建高阁大厦及洋式楼房；亦不准私立坟墓，违者究办。

四、苑内一经开荒，人烟稠密，不免有贸易经营，惟须禀明，听候指示，空闲地址不准毗连结成市镇，亦不准开设烟馆、赌局，违者定行究办。

五、垦户如有不愿承种者，即将地亩交还，应俟升科后体查情形办理。如有更佃等情，务须呈明换给执照，倘有私相租佃，借端影射，一经查出，定按原交押荒加倍科罚。

六、认垦之户各宜循规蹈矩，安分农业，其雇觅佣工亦宜慎选良善者，倘有不法之徒寻衅生事搅扰，立即严拿惩办。

随着南苑的全面放垦，到光绪三十一（1905）年，开垦耕地达到两万余亩，各种私家庄园也纷纷建立起来，南苑作为皇家苑囿已经面目全非。

第四章

清末民国以来
的艰难遭际

第一节　村落发展与社会动荡

南苑放垦之后，村落开始不断涌现。这些村落有一个共同的特点，那就是名字大都比较文雅好听，构成了一个具有共同特征、共同语源的地名群。这是因为作为元明清三代的皇家苑囿，南苑行宫、庙宇的命名大都文采斐然，其流风余韵影响着蜂拥而至的新庄园主们的思维，他们给所在聚落命名时不免沿用效仿。此外，北京城里买卖铺户的堂号原本就有期望生意兴隆、福寿平安的寓意，他们来到南苑领地建村时继续沿用商铺的堂号，构成了地名用字时的又一共同特点。以德、义、仁、爱等字眼给所在聚落命名，反映着由来已久的传统文化意识。包括华美庄在内的南苑以文雅语词命名的聚落地名群，记录了一个区域生态环境与社会面貌急剧变迁的时代。

清代南苑的范围，相当于今天大兴区团河农场、红星街道办事处以及西红门、金星、瀛海庄、旧宫、亦庄、鹿圈、太和等乡镇，丰台区南海子、大红门、东高地、西罗园4个街道办事处以及南苑乡所辖的区域，其间只有少量的边缘地区超出了园林区的界线。仅在大兴区所属的上述地域内，还有数十个地名还可以追溯到语源或发展线索，基本情况如下表所示。

大兴境内清末南苑开垦后形成的聚落

今用名	曾用名	命名原因或过程
旧宫		清初建旧衙门行宫，清末开垦，渐成聚落。
大有庄		光绪末年招民开垦成村。
积庆庄	吉庆堂	清末太监常某建私庄，名吉庆堂，后改。
隆盛庄		光绪末年招民开垦成村。
南场		清末成村，位于小龙河南的地主场院。
树桥庄		1921年，风吹柳树横卧河上，成天然小桥。
南小街		清末南海子驻兵，分南北小街。
南义盛庄		1949年定名。
五福堂		清末招民开垦成村。
万聚庄		清末招垦时，多方贫民聚居成村。
庑殿村		明朝庑殿行宫，清末始成村落。
西广德庄	广德庄	清末太监李莲英圈占。1981年改今名，与东广德庄相对。
富家庄	富庄子	清末傅姓人家开垦，名富庄子，后改今名。
玉善庄	玉善堂	清末一军阀屯占，名玉善堂，后聚成村，改今名。
有余庄	吴梁庄	清末吴、梁二姓开垦命名，1963年取吉庆有余之意改今名。
瀛海庄		招河间县民垦殖，取古称"瀛州"与"海子"为名，以怀故里。
四义庄		清末原内蒙骑兵司令李守信庄院，名四美庄，今改。
信义庄		清末李姓三兄弟建庄，取嘉名或商号名。
大三槐堂	宝丰庄	清末开垦成村，后取宋代典故改名"三槐堂"，再析为二村。
小三槐堂		与"大三槐堂"对应命名。
笃庆堂		清末京城一当铺老板圈占命名。
姜场	姜家场	清末姜姓武官置庄园、辟场院，后改今名。
中立堂		清末成村，取嘉名或商号名。

今用名	曾用名	命名原因或过程
南宫		康熙时建南红门行宫，清末成村，因名南宫。
同心庄		光绪二十八年两太监垦荒，取同心协力之意为名。
怡乐庄	娱乐庄	光绪末京城某名妓在此建庄，后归广善木厂，更今名。
大兴庄		光绪末李姓四兄弟开垦，取兴旺发达之意命名。
忠兴庄	中兴庄	光绪末建庄，取位于海子中心之意命名，后改今名。
裕德庄		光绪末开垦建庄。
亦庄		光绪末开垦建庄。
东广德庄		清末李莲英圈占建庄，1981年改今名，与西广德庄对应。
仁义堂		光绪末开垦建庄。
西营		同治时南海子神机营营地之一，光绪间河北移民成村。
大粮台	俊德庄	光绪末太监李三顺圈占更名，1946年复原名。
董家场		光绪末董姓开垦建庄。
富源庄	森昌庄	光绪末李莲英圈占，后改今名。
娘娘庙		光绪末成村，1949年合并大德庄、天寿庄、土楼为今名。
宝善庄		光绪末清宫差役吕二圈占建庄。
清合庄		宣统间北京布商胡某雇人开垦成庄。
常庄子	常公庄子	光绪末常太监圈占开垦建庄。
二号村	定丰庄	光绪末某太监圈占，以建村顺序得名。
隆盛场		光绪末官吏李某圈占，取兴隆昌盛之意为名。
天恩庄	盛庄子	光绪末盛太监圈占，民国初易主河间王怀庆，改今名。
来顺庄		民国初年，河北任丘等地人来此建庄。
头号村		光绪末太监小德张圈占大片土地，此为其所建第一个庄园。
五号村	东五号	光绪末北京粮商买地，因在五号村东得名，1981年改今名。
西五号村	五号	光绪末北京粮商买地建村，以顺序得名，为避重名改西五号。
大白楼	育德庄	光绪末魏姓官员建庄，后卖给热河督军赵尔巽，以楼房为名。
大生庄		光绪末成村，山东地主王聿丰建庄。
宁海庄		光绪末军阀李占林置田建庄。

今用名	曾用名	命名原因或过程
老三余庄	三畲庄	光绪末镇殿将军吴能建庄，后改为老三畲庄，俗写为今名。
寿宝庄	段庄子	光绪末成村，民国初为殷汝耕据有，改今名。
积德堂		光绪末马太监建庄，民国初卖给九门提督江朝宗。
小白楼	吉程庄	光绪末刘太监建庄，后以白色小楼为名，与大白楼对应。
建新庄	万义庄	光绪末安万全、安兴义建庄，民国改华美庄，1950年改今名。
新三余庄	新三畲庄	光绪末镇殿将军吴能建庄，与老三畲庄对应，俗写为今名。
振亚庄	至善堂	光绪末任太监建庄，民国为段祺瑞所有，称段庄子、振亚庄。
志远庄	藕合堂	光绪末崔太监建，民国属张敬尧称玉成庄，萧振瀛改志远庄。
太和庄		光绪末河间富商王某建，以其在京城的太和号首饰炉为名。
东合盛		光绪末成村，后并梅庄子、卢庄子、水泼庄为一，改今名。
宏农庄	红隆庄	光绪末回族聚居成村，回族迁徙后谐音改今名。
千顷堂	乐山庄	光绪末那桐圈占，曾名乐山庄，后复原名。
瑞合庄	穷八家	光绪末河间人租佃立庄，后改今名。
烧饼庄	万兴庄	光绪末马驹桥郭姓建庄，后以经营烧饼铺著称而改今名。
石太庄	张庄子	光绪末成村，1938年改世太庄，后谐音改今名。
四海庄		光绪末河间人开垦，以地近南苑四海子得名。
海宴庄	海堰庄	光绪末任姓占有四海子芦苇，筑堰防水，后谐音改今名。
四合庄		光绪末，四户合一村。
同义庄	头节地	光绪末唐姓建村。
下十号村		光绪末小德张招河间肃宁人开垦其第十个村庄。
德茂庄	八家	光绪末屯垦成村。
和义庄		光绪末屯垦成村。
西毓顺庄		光绪末崔太监经营，与其东毓顺庄对应为名。
牛家场		光绪末成村，牛姓垦民居多。
小粮台	俊德堂	光绪末太监李三顺圈占，1946年复原名小粮台。
闫家场		光绪末成村，以闫姓居多而得名。

资料来源：大兴县地名志编辑委员会《北京市大兴县地名志》，北京出版社，1992。

陈永龄等《南苑华美庄调查》，《燕京社会科学》1949年第2卷。

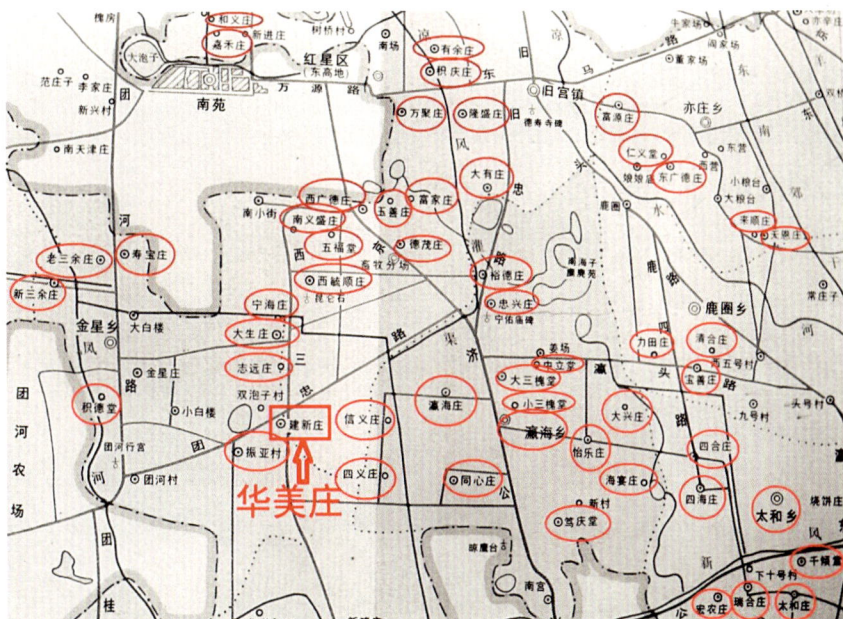

清末民国南苑"文雅聚落地名群"示意图

随着放垦的推行，各色人等进入南苑，过渡时期的南苑在治安方面出现很多问题。正如《顺天时报》指出：南海子地方上管理权自归大兴县接管后，所设的警察额数既少，又异常腐败，因此盗贼横生。时人也说南海子一带良莠混杂，经常有抢劫械斗之事。民国初年的《顺天时报》多次登载"南苑盗匪横行"之类的新闻。如1916年10月29日《顺天时报》报道，十月二十四日，有一个叫荣质轩的人，在当天下午五点多，走到南海子南场村东南约有一里余的地方。突然冲出匪徒二人，一个人手持刺刀，一个人手持手枪，对他百般恫吓，将荣某捆绑毒打，并将头部、手臂刺伤，抢走铜元160枚、大袄、小夹袄、小帽、闻烟壶等。荣质轩侥幸逃得一条性命。三天后，荣质轩在万字地发现所失的小夹袄，将其买回。据他说，匪徒都三十多岁，说话有口音，身穿对襟衣，大概是散兵游勇之类。像这类抢劫案此地时有所闻。

1917 年 8 月 10 日，连着报道了《南苑盗匪横行》与《团河农民被抢》两则消息，南海子银堂庄杜姓人家，昨天被十数名盗匪持枪威胁，抢去了驴骡等很多财物。村正黎某报告到该处的驻守游缉队、警备队。南海子团河笃庆庄姓刘的人家，日前正在睡觉时，被大盗数十人破门而入，抢去很多衣服和骡马。幸亏一家人听到动静藏了起来，没被伤害。

随着南苑人烟的逐渐稠密，盗匪肆意横行的活动空间被压缩，社会治安有所好转，报端关于南苑的此类社会新闻迅速减少，预示着已经度过了放垦的早期动荡阶段。

这些因放垦而形成的村落，随着民初激烈的社会变迁，也不断地发生变迁。比如图表列举的万义庄。此地原系清代皇室猎苑御地，光绪二十九年（1903）敕令奉宸苑将城郊土地由宫中官吏领出。万义庄一带的 1280 亩土地，由是户部京丞安寿山（万全）、安鸿亭（兴义）二人领出的，自成一庄，庄名则取二人名号中之各一字，称"万义庄"。1920 年安寿山病故，其子与安鸿亭商妥，以 6500 银元卖与安福系军阀段祺瑞。①

段祺瑞购得万义庄后，适值中美开展农业合作，选定南苑一带作为试验区，成立华北垦牧公司。段祺瑞遂将万义庄加入此垦牧公司，更名华美庄，以示中美合作之意。不久，安福系政府倒台，段祺瑞将这块土地售与燕京大学，作为农学系的育种之地。1929 年转交南京的金陵大学经营，1941 年太平洋战争爆发后归于日伪新民会，1945 年抗战胜利后由燕京大学代管，直至 1949 年以后经过土改变为集体所有。南苑其他村庄的变化可能没有华美庄复杂，但所经历的主要历史过程基本一致。

---

① 陈永龄等：《南苑华美庄调查》，载《燕京社会科学》，1949 年第 2 卷，第 9 页（总第 127 页）。

第二节　麋鹿失而复归

清代南苑是我国麋鹿的集中饲养地。麋鹿是一种大型食草动物，是我国特有的物种，喜欢择水而居，俗称"四不像"，因为它头脸像马、角像鹿、颈像骆驼、尾像驴。据考证，早在3000多年前，中国黄河、长江中下游地区就有麋鹿。由于麋鹿逃避敌害的能力差，较易被天敌捕杀。因此野生麋鹿数量日益减少。到了清朝，麋鹿在野外逐渐消失，生活在南苑的一群约二三百只麋鹿，成为仅剩的幸存儿。

同治四年（1865）深秋的一天，法国遣使会教士谭微道（Pierre Armand David）站在北京南郊皇家猎苑墙外的土岗子上隔墙一瞥，发现了动物分类学上前所未有的这个奇异鹿类。他于1866年1月30日的深夜，匆匆赶到猎苑，隔着院墙以20两纹银为代价，换取里面偷偷递过来的两张鹿皮和两个头骨。他将其送到巴黎自然历史博物馆，由博物学家爱德华（Milne-Edwards）进行鉴定，结果震惊世人，这果然是一个新的鹿种。

这种"新发现"的动物立即引起了世人极大的兴趣。从此之后，南苑猎苑里的"四不像"，被英、法、德、比等国的公使、代办、领事、教士之流，或明索，或暗购，先后弄走不少，分别养在欧洲各国动物园里供人观赏。[1] 如1868年英国外交官在南苑捕捉了一对幼鹿，次年送达伦敦动物园。光绪二年（1876），德国获得了1头雄鹿与2头雌鹿，8月26日运达柏林动物园。[2]《清德宗实录》记载，当年二月，总理各

---

[1]《"海外游子"回到了祖国》，载赵然主编《动植物知识大博览》第2册，501页，北京，线装书局，2016。

[2] 丁玉华：《中国麋鹿研究》，10页，长春，吉林科学技术出版社，2004。

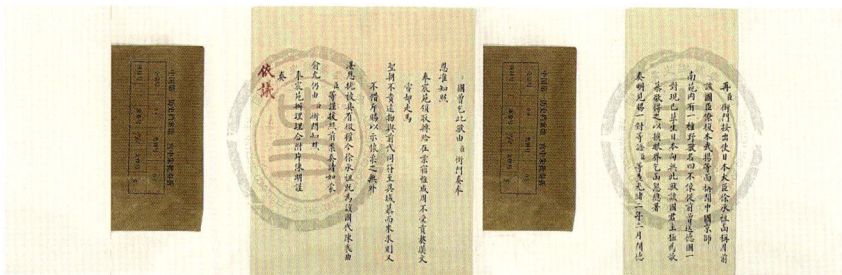

总理衙门奏报日本请求赠送麋鹿奏折

国事务衙门奏称，德国公使巴兰德，当面对总理衙门大臣称，听说中国有一种名叫"四不像"的动物，是德国及世界各国所没有的，请求赠予一对，送到德国。大臣查"四不像"只有南苑有，归奉宸苑管理。如果圣上允许，应当通知奉宸苑办理。皇帝准许了这个建议。

据此看来，上述3头麋鹿就是这次由巴兰德提出要求的结果。据清朝档案记载，光绪十三年二月，日本也索要南苑"四不像"。日本官员榎本武扬等当面对总理衙门大臣说，听说中国北京南苑里有一种野兽，名叫"四不像"，以前中国曾经赠送德国一对，现在在德国已经成功繁殖，日本从来没有这种动物，日本君主极为羡慕，想得到以增长眼界，因此请求总理衙门上奏，赠送一对。

但是，由于当时海外不熟悉这种动物的生活习惯，饲养得很不成功，多半越养越少。1898年起，英国十一世贝福特公爵重金收集世上仅存的18头麋鹿，收养于伦敦附近的乌邦寺。乌邦寺的面积很大，有水沟、水里有鱼、树林、草坡，环境与北京的南海子猎苑非常相似，因此饲养成功，种群不断扩大。

与此同时，南海子猎苑的那一群麋鹿却连遭浩劫。先是1894年，北京永定河泛滥，洪水冲垮了猎苑围墙，许多麋鹿逃散出去，成了饥民的果腹之物。接下来1900年，八国联军入侵北京，南苑麋鹿被劫杀一空，麋鹿在中国本土竟致灭绝。至此，英国乌邦寺的那群麋鹿遂代替了我国南苑的那群，成为世界唯一的麋鹿群，从此过着"海外游子"的生活。[1] 到了 1945 年，第十二世贝福特公爵时期，鹿群总数发展到250 头。

新中国成立后，英国的动物学会曾于 1956 年及 1973 年两次将 4 对麋鹿送回中国，饲养于北京动物园，期望在它的故乡能重新恢复种群。但其发展并不理想，主要原因在于它的现有环境不能满足麋鹿的生态要求。到了 1985 年，南苑原皇家猎苑建起一个面积 60 公顷、环境优美适宜的麋鹿苑。在世界野生生物基金会的努力下，英国乌邦寺塔维斯托克侯爵挑选 22 头麋鹿，运抵北京南苑原皇家猎苑，麋鹿重新回到了它在中国最后消失的地方，"海外游子"总算回到了祖国的怀抱。

在这前后，我国在江苏大丰黄海滩涂、湖北石首天鹅洲建立了麋鹿自然保护区，放归自然、恢复种群的工作卓有成效。至今我国的麋鹿已有 2000 多头，已经度过了物种的濒危阶段。在南苑恢复麋鹿种群具有特殊的意义，正如塔维斯托克侯爵指出的那样：将一个物种如此准确地引回它们原栖息的地方，这在世界上的重引进项目中堪称是独一无二的。[2]

南苑土地功能在清末民初迅速完成置换，得以保留下来的少量水草地，在提倡生态效益的当代显得越发珍贵，南苑麋鹿苑的建立就是一个生动的证明。

---

[1] 《"海外游子"回到了祖国》，载赵然主编《动植物知识大博览》第 2 册，501 页，北京，线装书局，2016。

[2] 丁玉华：《中国麋鹿研究》，15 页，长春，吉林科学技术出版社，2004。

南海子麋鹿苑一角

第三节 延续军事重镇

自从清末放垦以来，一个个村落出现在南苑，昔日的皇家苑囿逐渐褪去了华丽色彩，成为寻常村巷。伴随着 1911 年清朝的灭亡，南苑彻底结束了作为皇家苑囿的历史。但南苑的军事功能还没有消失，在驻军、建立军用机场等方面继续发挥作用，并在全民族抗战中上演了悲壮的一幕。

南苑驻军 南苑为北京的南大门，具有重要的战略地位，自古即为兵家必争之地。基于南苑驻军的需要，光绪三十二年（1906）清政府曾专门修筑了京苑（从京奉线的永定门至南苑万字地，又被称为京奉铁路南苑支线）轻便铁路。京苑铁路为窄轨铁道，轨距 1 米，设有永定门、大红门、营市街等站。铁路归属军队管理，永定门站为军用车站，其他站办理客运业务。清代兰陵忧患生著有《京华百二竹枝词》，其中《南苑驻军》一诗便是赞颂京苑轻便火车的："一六森严两镇兵，分屯两苑卫神京。来往南苑尤称便，军用火车已畅行。学堂各省一齐开，都为中华养人才。今日指挥试兵法，调他南苑陆军来。"其中"一六"两句指清代的陆军第一镇驻北苑，第六镇驻南苑。"学堂"指各省都可办军校，但毕业生必须送到陆军部参加考试，并且调他们到南苑陆军部，检验其指挥各法，看来当时的南苑是军校学生的练习场。1941 年，京苑铁路改建为标准轨距，直接与京城相通，北与永定门站接轨，南延至南苑军用机场，使南苑的战略地位日显重要，成为北京城南的重要门户。

民国建立后，1912 年 9 月 15 日，袁世凯以大总统名义发布命令，把北洋新军的六镇改为六师，其中最为看重的陆军第三师和第六师驻军南苑。

阿哥住
再向例跟
南苑散秩大臣二員三旗侍衛三十員两班輪流
住宿代總請建前性住班大臣二員輪流住宿
護軍營每旗護軍章京一員護軍校二員前鋒二
名鑲護軍二名鑲軍十四名每班共官兵一
名鑲護軍二名鑲軍二十八名每班前鋒二
四旗護軍校四名鑲護軍三
泳章京二員護軍校四名鑲護軍每班前鋒四
百六十八員名十日攝臣等公同的讓
三旗侍衛六十員两班輪流住宿護軍營每旗
南苑九門大紅門鎮國寺門較為嚴密其
東紅門內農田甚夕
阿哥滿圍為日較久正值農忙東紅門未便闊
閒應各派護軍營章京一員護軍十名幫同本
門官兵緒查其餘六門並各處小門俱下錢糧
交該門官兵看守理合附片

嘉慶十九年十二月初九日綿課等奏為臨幸南苑調派官兵事檔案

冯玉祥将军也与南苑有着不解之缘。1922 年冯玉祥调任陆军检阅使。11 月 3 日，冯玉祥率部在南苑航空署旧址组建了陆军检阅使署。为了旌表在反对袁世凯称帝的护国战争、讨伐张勋辫子军和在第一次直奉战争郑州战役中阵亡的官兵，1922 年冬，冯玉祥在南苑镇西南嘉则庄一处义地的基础上，筹建为纪念阵亡官兵的祠堂，命名为"南苑昭忠祠"。1924 年 9 月 10 日昭忠祠举行落成典礼，冯玉祥亲笔书写"气壮山河"四字匾额。第二次直奉战争爆发后，冯玉祥与孙岳在南苑昭忠祠草亭秘商"讨直秘议"，随后发动北京政变。可以说，南苑见证了民国军阀割据混战的历史。

民国期间，北洋军阀及国民政府都曾在南苑进行过多次阅兵活动。1916 年 10 月 10 日，为了纪念中华民国建立五周年，北洋政府大总统黎元洪在南苑营盘举行大阅兵，邀请国内外贵宾参加，这是中华民国

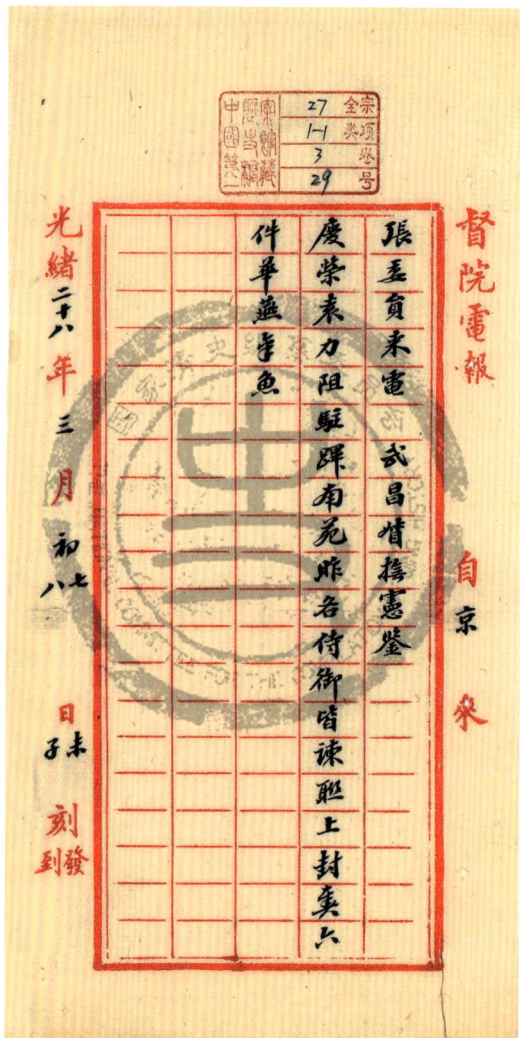

光绪二十八年三月初七日，为庆荣袁力阻驻跸南苑事致武昌督宪张之洞、抚宪端方电报档案

成立以来首次大规模的阅兵仪式。1922年12月25日，冯玉祥在南苑举行大阅兵。大总统黎元洪及陆军部参军人员、将领百余人受邀到场参观。1924年5月7日在南苑兵营举行了"勿忘国耻"阅兵式，曹锟、吴佩孚等人参加。1926年10月10日奉天军在南苑进行阅兵，当时国务总理顾维钧及东北军军团长张学良等众多要员到场，飞虎队12架飞机参加了演习。1936年10月10日，面对咄咄逼人的日本驻屯军，29军（冯玉祥西北军旧部）在南苑举行了万人国庆阅兵大典，邀请中外贵宾数百人参加。破格委任只有上校军衔的吉星文团长为阅兵指挥官。在日后的"七七事变"中，吉星文率部打响了全面抗战的第一枪。

南苑机场　在昔日皇家苑囿上诞生的南苑机场，是中国历史上第一个军用机场，也是第一个民用航空机场。南苑机场经历百年发展，走过了辉煌的历史时期，在中国航空事业史上留下不可磨灭的一页。

1910年2月，清军咨府大臣载涛奉命率团赴日本和欧美考察军事。回国后，载涛极力倡导清政府发展航空事业。1910年，清政府拨款在北京南苑的虎殿毅军操场修建了供飞机起降的简易跑道，中国第一座军用机场由此诞生。

1910年，清朝政府在北京南苑的毅军操场内开辟了飞机场，这是中国的首座机场。图为1913年停在北京南苑机场上的高德隆飞机。

清朝灭亡后，北洋政府交通部于1919年成立"筹办航空事宜处"，从国外购买一百多架飞机，开始建立空军，并展开民航事业。1920年4月24日开通试航南苑至天津的第一条民用航线。此后还开通过北京至济南的航线、北京至北戴河的夏季临时航线，以及长城游览飞行。1927年国民政府建立后，南苑机场一直是京平（南京至北平）、沪平（上海至北平）航线的重要支撑点。

南苑航校法国高德隆教练机

1937年卢沟桥事变爆发后，南苑机场成为日军的进攻目标。1937年7月28日，大批日军进攻南苑军部，南苑机场被日军占领。日军继而扩建机场，把南苑机场变为侵略中国国土的重要军事基地和大型机场。日军在机场东北庑殿村南修建日军营房，由南苑机场至庑殿修筑了4公里长的铁路，在庑殿村、南苑镇还建有多处半地下小地堡。

1939 年夏，中国抗日志士火烧南苑机场，多架日机葬于火海之中。以后，日军对南苑机场进行扩建，完善航空指挥设施，并更名为南苑兵营。为了防备飞机被轰炸，1941 年，日军在南苑机场周围修建了 20 多个飞机窝，相距 1 公里左右，全部为圆顶形式的钢筋水泥建筑，飞机窝顶部覆盖着 30 多厘米厚的黄土，上面长满杂草，以为掩蔽。1949 年以后，因南苑机场周边改造，很多飞机窝陆续被拆除。现在尚存 6 个，分别在南苑乡北京国际露营公园内、南苑乡南苑村一分地西侧、团河路东侧、南苑街道警备中路路边、南苑街道警备中路东侧、警备中路北段路口东侧，大多被改作存放物品的仓库。

抗日战争胜利后，南苑机场成为国民党的空军基地和重要机场之一。蒋介石专机在此降落，傅作义专机在此起飞，许多国民党军政大员也曾在南苑机场登机。1945 年 12 月 11 日，蒋介石夫妇以"慰问北方同胞"之名，乘飞机飞到北平，降落在南苑机场。1949 年 4 月 13 日，国民政府和谈代表团乘飞机抵达南苑机场，国共两党在北平举行和平谈判，中共代表团秘书长齐燕铭到机场接机。

1948 年 12 月 17 日，北平解放前夕，东北野战军第三纵队 7 师 21 团向机场发起突袭，占领了机场，并粉碎了国民党军队夺回南苑机场的企图，对于促进北平和平解放起了重要作用。

北平和平解放后，进一步加强北平防空，1949 年 8 月 15 日，华北航空处在南苑机场组建了中国人民解放军第一个担负作战任务的飞行中队，习惯上被称之为"南苑飞行队"或"北平飞行队"。1949 年 10 月 1 日，该中队 9 架 P-51 参加了开国大典的阅兵式。

南苑机场作为北京郊区最重要的空军机场，承担着保卫首都空域、保障首长专机起落的任务，担负着保障空、地受阅部队的训练以及来访的外国飞行表演队飞行表演的任务，也是迎送外宾的重要场所。1957

在机场待命的 P-51 战斗机

年 4 月 15 日，毛泽东、刘少奇、朱德、周恩来等在南苑机场接待了苏联最高苏维埃主席团主席伏罗希洛夫一行的来访，当时从南苑至中南海沿途数万群众夹道欢迎。这也是苏联 TU104 大型飞机着陆中国的首座机场。1971 年 7 月 9 日，美国国务卿基辛格乘巴基斯坦航空公司的波音 707 专机秘密访问中国，为尼克松访华"中美破冰之旅"作准备，也是在南苑机场降落的。

改革开放以后，南苑机场对民航开放，成为中国联合航空的基地机场。2007 年，新扩建的北京南苑机场候机楼建筑面积近一万平方米，可同时接待近千人候机，大大改善了乘客的候机环境。2008 年，北京南苑机场旅客达到 135 万多人次，货物装卸量达到 1.3 万多吨，交通量为 1.2 万多架次。2012 年 11 月 26 日，东航全资的中国联合航空有限公司与原东航河北分公司完成联合重组，成为新的中国联合航空有限公司，主运营基地设在南苑机场，2017 年，南苑机场客运量曾经达到 595 万人次。

南苑是中国航空事业的肇始之地，在我国航空史上具有重要意义。南苑机场作为中国第一座机场，在中国近现代航空事业中作出巨大贡献，其航空事业发展史伴随着中国近代化、现代化的发展史，见证了中华民族从屈辱、抗争到复兴的历史节点，也见证了中国人民奋发图强、不屈不挠的革命精神。

抗战悲歌　南苑是北京的南大门，也是第 29 军军部所在地。1937 年 7 月 7 日卢沟桥事变爆发后，在日军发动的进攻平津的战役中，规模最大、争夺最惨烈的一场战斗就发生在南苑。

抗战爆发之前，第 29 军将兵力重点部署在宛平、长辛店和南苑这一三角地带，多次组织军事演习。对日军而言，由于已经在东、西、北三面包围北平，一旦占领南苑，就能将各个方向的部队连成一片，北平也将彻底成为一座"死城"。因此，卢沟桥事变爆发之后，日军就开始不断向南苑增兵。

7月27日，日军逼近南苑，28日凌晨对南苑发起总攻。南苑只是建立在平原上的一座军营，无险可守，虽构筑了防御工事但迅速被夷为平地。日军在炮、空火力和坦克车掩护之下连续向南苑阵地冲锋，29军的形势非常危急。临近中午时分，南苑守军接到了29军军部的命令，向北平城内突围。午后12时40分左右，撤退军队陷入日军伏击圈，师长赵登禹中弹身亡。副军长佟麟阁骑马指挥撤退军队，因腿部中弹跌落后又遭枪击而血洒疆场。在大红门牺牲的中国士兵超过千人。经过一天激战，南苑兵营被占。同日，日军占领宛平、沙河、清河等地。当晚，军长宋哲元命令29军向保定方向撤退，北平陷落。

佟麟阁、赵登禹是全面抗战爆发之后中国军队捐躯的两位重要将领。在当时北平已成危城的情况下，他们毅然担负起坚守北平的重任，明知不可为而为之，壮怀激烈，最终殉国，展示出中国军人的担当。如今矗立在西城区的"佟麟阁路""赵登禹路"两块路牌还在默默诉说着那段烽火连天的岁月。它们刻录着特定时代的印记，同时也在时刻提醒着后人，惨痛的历史应该被铭记，而对于今人而言，除了祭奠在战争中英勇战死的将士们，珍视和平的来之不易，更应强固自身，方能保全家园。

令人痛惜的是，几百名满腔热血的南苑军训团学生战死南苑。他们之前大都是北平各大学、中学的学生，受"一二·九运动"激发投笔从戎，入伍仅半年时间。在宋哲元的计划中，建立军训团的主要目的是为29军培养干部。但当日军进攻南苑时，驻守在此地的学生兵也冲上了战场。在此之前，学生兵们一直没有配备武器。直到卢沟桥事变爆发，他们才真正被武装起来，配发枪支与大刀。考虑到学兵团战斗力较弱，出于保护的目的，在布防时他们被安排在南苑南面阵地，这也是日军攻击可能性较小的方向。但由于情报泄露，南面阵地受到日军的炮火集中猛攻。学兵团虽然先前未有实战经历，但此战表现得异常英勇，当凶残的日军突破防线之后，学兵团没有退却，而是以年轻的血肉之躯与日军展开近身肉搏，伤亡10倍于日军。军训团的学生兵1500多人中，最后回到北平的只有600人。

南苑之战是卢沟桥事变期间中日两军最激烈的一场战斗。南苑7000名守军中，伤亡超过5000人。

南海子因其得天独厚的自然环境和地理位置，成为皇家的畋猎之地，也承载着重要的政治功能，因此积淀了丰厚的历史文化底蕴。清代中后期，南海子的校阅和行围功能荒废，昔日的皇家苑囿逐渐变为百姓聚居的普通村落。南海子见证了千年帝制社会的传承变迁，也见证了晚清民国以来的战火纷飞，从某种程度上说，它映衬着北京城的历史发展变迁，也是折射中国社会变迁的一面镜子。

永定河恢复通水后的景观

南海子公园水面一角

　　党的十八大以来，大兴区紧抓"城南行动计划"机遇，大力推进生态文明建设，共建设生态林面积约 26 万亩，其中机场周边新增造林 15 万亩。在南海子地区规划建设了总面积为 11.65 平方公里的北京最大湿地公园，目前一期已建成投入使用，二期已于 2019 年 7 月建成开放，重现了碧水环绕、绿阴环抱、芳草萋萋的优美景观，为南海子历史文化传承传播构建了良好的具象空间。大兴区还加强了文物修复和保护，昆仑石、宁佑庙碑、南红门行宫等历史遗迹遗址得到妥善保护。

南海子麋鹿也得到保护繁衍，成为世界野生动物保护的中国样本。截至 2018 年底，大兴区森林面积 45.86 万亩，森林覆盖率达到 29.5%，城市绿化覆盖率达到 45.6%。新时期的大兴，拥有森林环抱中的新机场、绿野滋养的南海子、绵延百里的永定河，自然风光、珍稀动物交相辉映，是首都北京南部发展的重要枢纽，京津冀协同发展的战略门户，更是沟通中国与世界的新国门。

后记

本书是大兴区委宣传部为进一步推进全国文化中心建设，落实北京市"一核一城三带两区"的战略布局，结合区域特色进行南海子文化内涵挖掘的重要成果。在这一过程中，大兴区委宣传部联合了中国人民大学清史研究所、天津大学、北京联合大学、北京学研究基地、北京史学会、北京社科院等各相关研究单位和学者，并获得中国第一历史档案馆、故宫博物院、国家图书馆、首都图书馆等单位在档案文献提供方面的全力支持。

本书由北京市大兴区委宣传部策划，由北京南海子历史文化研究院统筹撰稿。其中，北京市社科院历史所刘仲华研究员提供初稿，中国人民大学清史研究所张宏杰教授和国家方志办和为国研究员进行修订，中国人民大学清史研究所朱浒教授和刘文鹏教授审定。

北京社科院的常越男研究员、王建伟研究员、故宫博物院赵中男研究员、天津大学李严教授都曾提供宝贵意见。对此，特致感谢！

编者

2021 年 11 月